KB038490

자연적 필연성의 질서
친절한 비판적 실재론 입문

The Order of Natural Necessity
by Roy Bhaskar, edited by Gary Hawke

First published in 2017
Copyright © 2017 The Authors
Korean translation copyright © 2021 SecondThesis

자연적 필연성의 질서
친철한 비판적 실재론 입문

지은이 로이 바스카
엮은이 게리 호크
옮긴이 김훈태

1판 1쇄 발행 2021년 2월 10일

펴낸곳 두번째테제
펴낸이 장원
등록 2017년 3월 2일 제2017-000034호
주소 (13290) 경기도 성남시 수정구 수정북로 92, 태평동락커뮤니티 301호
전화 031-754-8804
팩스 0303-3441-7392
전자우편 secondthesis@gmail.com
페이스북 facebook.com/thesis2
트위터 twitter.com/keepheavy
블로그 blog.naver.com/secondthesis

ISBN 979-11-90186-10-0 93160

자연적 필연성의 질서

친절한 비판적 실재론 입문

로이 바스카 지음
게리 호크 편집

김훈태 옮김

The Order of Natural Necessity:
A Kind of Introduction to
Critical Realism

칼

"로이 바스카의 강의는 그의 글과는 다르게 아주 명료하고 알아듣기 쉬웠다. 다행히도, 게리 호크는 로이 바스카의 마지막 강의를 녹음하여 초보자뿐 아니라 경험이 많은 비판적 실재론자에게도 귀중한 책을 이렇게 훌륭히 편집해 냈다."

프리실라 앨더슨Priscilla Alderson

런던대학교 교육연구소 명예교수

자연적 필연성의 질서

자연적 필연성은 존재하는 사물의 상태 또는 진리,
그리고 세계에 영향을 미치는 인과적 힘이다.

자연적 필연성이란 사물이 있는 그대로 행해지는 것
외에 대안이 없다는 뜻이다. 이것은 우리가 재미있는
농담을 들었을 때 웃음이 나오는 것이나 슬픔을
느꼈을 때 눈물이 나오는 것처럼 단순하다.
지구온난화로 지구 곳곳이 파괴되는 것 역시 그렇다.

사물의 자연적 필연성은 사물 그 자체의 인과적 힘이지만
인과적 힘은 실현될 수도, 실현되지 않을 수도 있다.

자연적 필연성의 질서는 변형적 상상력을 창조하는
방향으로 작동한다. 여기에서 우리는 자유를 제한하는
인과적 힘을 막아 내고, 모두를 위한 자유와 사랑,
행복의 번영을 가능케 하는 인과적 힘이 실현되는
세계를 함께 창조할 수 있다.

차례

그림

표

"철학자로서… 나는 온전히 행복하다고 느껴 본 적이 한번도 없다.
… 나의 다르마dharma*가 완벽하게 무엇인지 또는 나의 다르마가
진정 어떻게 진화해 가고자 하는지 확실하지 않다…"

로이 바스카(2010: 21),《비판적 실재론의 형성》

* 우주 또는 인간의 본질적 특성, 진리, 법. [옮긴이]

일러두기

1. 이 책은 "비판적 실재론 입문"이라는 제목으로 2014년 5월에서 7월까지 런던대학교 교육연
   구소에서 있었던 로이 바스카의 연속 강좌를 엮은 것으로, 게리 호크의 기획 및 편집에 따라
   2017년 *The Order of Natural Necessity-A Kind of Introduction to Critical Realism*이라는 제목으
   로 출간된 책을 완역한 것이다.
2. 편집자주로 표기된 각주는 [편집자], 옮긴이가 추가한 각주는 [옮긴이]로 표기했다.
3. 본문에 나오는 강조 표시는 볼드체로 표기했다.
4. 각주의 서지사항 및 인용 쪽수 표기는 원서상 표기를 따랐다.
5. 외국 인명, 지명은 국립국어원의 외래어 표기법과 용례를 따랐다. 다만 국내에서 이미 굳어
   진 인명과 지명의 경우 통용되는 표기로 옮겼다. 의미 전달을 위해 필요한 경우 원어나 한자
   를 병기했다.

서문

게리 호크

　나는 드라마치료사이다. 지난 10년 동안 나는 영적 또는 자아 초월적이라고 부를 수 있는 워크숍을 열어 왔다. 내 작업의 목적은 비이원성을 경험하도록 돕는 것이었다. 워크숍을 진행하면서 나는 서양에서 비이원성에 대한 동양의 영적 전통 개념을 가져와, 그것이 당신이 자연스럽게 경험했거나 경험하기 위해 힘들게 노력했던 각성의 경험 또는 깨달음의 경험이라고 하는 경우를 보았다. 내가 가장 불만스러웠던 것이 이것이다.

　'자연스럽게/힘들게 노력한'이라는 구도는 나에게 별 의미가 없었다. 만약 내가 존재론적 수준에서 자유가 있다고 주장한다면, 우리가 해야 할 일은 그 자유의 경험으로 장애물들을 없애는 것이다. 그런데 2011년에 나는 운이 좋게도 비판적 실재론의 창시자 로이 바스카(서문에서는 필자의 표기대로 이하 로이로 표기한다. [편집자])가 이야기하는 '실재 세계의 활동가가 된다는 것은 무엇을 의미하는가'라는 강연을 들었다. 로이가 아주 복잡한 철학적 사상을 제안한다는 것을 알 수 있었지만, 그는 분명하고 이해하기 쉬우며 영감을 주는 방식으로 그것을 펼쳐 내고 있었다.

　나는 비이원성이 우리가 달성하기 위해 또는 오로지 깨우치기 위해 힘들게 노력해야 하는 신비로운 형이상학적 개념이 아니라는 그의 단순한 생각에 깊은 충격을 받았다. 그것은 사회가 상호작용할 수 있게 해 주는 매우 인과적인 힘이고, 메타 수준 혹은 우주적 외피이며, 그것이 없다면 당신과 나는 체화된 인격으로서 서로를 이해할 수 없을 것이다.

나는 예전이나 지금이나 여전히 비이원성에 대한 로이의 단순한 설명에 압도당해 있다. 그것은 내 작업, 생각, 그리고 진리 또는 진정한 자유가 무엇인지에 관한 관점을 바꾸어 놓았다.

이 책의 시작은 어떤 끝에서 비롯된다. 2014년, 줄기찬 설득 끝에 나는 로이가 런던대학교 교육연구소 도서관에 있는 컴퓨터 앞에 앉아 비판적 실재론에 대해 여섯 시간 동안 일련의 온라인 실시간 강연을 시작할 수 있도록 준비를 마쳤다.

로이의 메타실재의 철학을 처음 경험한 뒤에(3장을 보라) 나는 메타실재 철학의 네 번째 책으로 아직 출간되지 않은 《내재적 작업Workins》을 탐구하고 싶어서 로이에게 연락을 취했다. 메타실재는 우리가 구속에서 해방되기를 원한다면, 체육관에서 운동하는work out 것처럼 장애물들과 씨름해야work on 하며, 우리 자신의 체화된 인격을 탐구하고 메타실재의 핵심인 비이원성과 자신을 더 깊이 더 훌륭하게 연결하는 방법을 살펴보는 작업을 내재적으로 해야work in 한다고 말한다.

나는 또한 비판적 실재론의 발전에서 다른 단계들에 대해 더 많이 알고 싶었다. 그래서 로이의 사상을 파악하기 위해 종종 그의 엄밀한 학술 문헌들을 읽는 고투를 시작했다. 나는 내가 하는 드라마 치료와 치료 코칭 작업에 로이의 인간 해방과 행복에 관한 생각을 녹여 낼 수 있을 만큼, 또 로이가 참석한 '2013 국제 비판적 실재론 학회'에서 내 작업을 발표할 수 있을 만큼, 그리고

런던에 위치한 교육연구소의 비판적 실재론 독서 모임에 초대될
만큼 비판적 실재론에 대한 충분한 이해를 얻어 냈다.

내가 로이의 강연을 녹화해야겠다고 생각하기 시작한 것은
독서 모임에서 로이가 말하는 것을 듣고 있을 때였다. 로이가 자
신의 작업에 대해 편안하게 말하도록 할 수 있다면, 그의 철학이
더 많은 사람에게 가닿을 수 있을 것이라는 생각이 들었다. 그래
서 내 친구 도널드 클라크와 함께 로이를 온라인에 접속시킬 계
획을 짰다.

특정 온라인 장비를 사용할 수 없었던 것부터 2014년 월드컵
으로 인해 실시간 방송 시간을 옮길 수밖에 없었던 것까지, 도널
드와 내가 겪었던 고충에 대해서는 따로 책 한 권을 쓸 수 있을
정도이다. 하지만 결국 우리는 로이가 실시간으로 강연하도록
했고, 녹화를 했으며, 동영상을 유튜브에 업로드했다. 이것이 우
리 계획의 첫 부분이었다. 두 번째는 실시간 강연과 세미나 녹화
를 통해 로이의 작업을 홍보하고 그의 수입을 증대시키는 데 보
탬이 되도록 하는 것이었다. 그런데, 2014년 말 우리는 로이가
유명을 달리했다는 슬픈 소식을 들었다.

도널드와 나는 로이가 강연한 동영상을 바탕으로 책을 만들
수 있을지 따져 보았다. 이 책의 목적은 로이의 이야기를 거의 고
치지 않으면서도, 내용을 확장하고 이해하기 쉽게 각주를 추가
하며, 비판적 실재론에 관한 광범위한 참고문헌을 독자에게 소
개하면서, 로이의 이야기를 최대한 단순하게 유지하는 데 있다.

로이는 우리가 실재를 무시해서는 안 된다는 것, 실재 또는
진정한 실재는 자유이며 우리 모두는 우리 내면에서 자유와 연

결되어 있다는 것, 다만 우리가 그 연결성을 잃어 버렸다는 것을 보여주고자 애썼다.

나는 자유에 대한 로이의 사상이 각주가 되는 것을 원치 않았다. 그가 지나치게 말이 많으면서도 너무 어렵거나 이해하는 데 너무 많은 시간이 걸리는 방식으로 말하는 학자처럼 보이는 것도 원치 않았다. 로이가 떠나면서, 나는 그가 과거의dead 학자가 되는 걸 원치 않았다. 나는 그의 말이 세상 속에서 살아 있고, 영감을 주며, 변화를 이끌 수 있기를 원했다.

이 책은 매듭짓는 것이자 내가 로이에게 한 약속, 그러니까 가능한 많은 사람이 로이의 이야기를 들을 수 있도록 하자던 다짐을 실현하는 것이다. 그 약속을 지키기 위해 나는 이 책을 편집하는 데 18개월을 보냈다.

이 책을 그저 비판적 실재론에 대한 일종의 입문으로서만이 아니라, 자기보다 남을 우선시하는 사람의 목소리로 사용할 수 있게끔 하는 것이 나의 자연적 필연성의 질서이다. 로이는 노예 생활에서 벗어나 자유에 이르게끔 하는 자신의 사상 속에서 길을 제시하고자 노력하면서 세상에 대해 심오하고 도전적인 질문을 던졌다. 하지만 또 그는 잠시 멈추어 이렇게 묻는다.

"당신은 당신 자신의 자연적 필연성의 질서의 핵심인 해방이라는 보편적 프로젝트를 어떻게 펼쳐 나갈 것인가?"

당신의 자유로운 번영은 모든 이의 자유로운 번영의 조건이다. 바로 이것이 자연적 필연성의 질서이다.

1000단어 이하의 비판적 실재론

이 책을 펴내면서 저는 비판적 실재론의 용어를 사용하지 않거나 사용하더라도 최소한으로 하면서 짧은 개론을 써 달라는 요청을 받았습니다. 이것은 그 결과물입니다. 철학적 입장에서 비판적 실재론을 어렵게 이야기할 필요가 없음을 여기에 보이고자 합니다.

이제 1000단어 이하로 비판적 실재론을 안내하고자 합니다. 모서리를 다듬어 일반화하겠지만 비판적 실재론이 무엇인지에 대해 진지하게 설명이 되었기를 바랍니다.

이 글을 읽기 위해 여러분은 단어들을 지각해야 합니다. 지각 또는 감각을 통해 여러분은 단어들을 판단합니다. 여러분과 저는 같은 언어로 말하기 때문에 여러분의 판단이 익숙한 해석을 이끌어 내는 것입니다. 만약 제가 여러분이 이해하지 못하는 말을 하더라도, 이것은 단지 해석의 문제이므로 여러분은 이를 적절하게 번역하여 읽어 낼 수 있습니다.

이처럼 **감각**>**판단**>**해석**의 과정은 여러분과 제가 세계를 이해할 수 있게 해 줍니다. 이 과정은 또한 '실재는 우리가 만들어 낸 것'이라거나 '실재는 모두 우리가 세계를 **감각**>**판단**>**해석**하는 방식에 달려 있다'라고 생각하는 데 사용되기도 합니다. 이것은 인식론, 즉 '우리는 어떻게 아는가?'에 대한 연구, 그리고 '정보는 우리의 감각들로부터 나온다'는 경험주의와 동일합니다.

유명한 철학자 데이비드 흄은 이것이야말로 우리가 세계를 알게 되는 방식이라고 믿었습니다. 사물이 다른 사물에 영향을 미치는 것으로 보이는 것은 오로지 우리의 해석일 뿐이라는 것입니다. 따라서 당구공이 다른 당구공에 부딪힐 때 그 공이 움직일 것을 우리가 아는 것은 오직 우리가 상상한 해석일 뿐입니다. 그게 아니라면, '오늘 해가 떴으니 내일도 해가 뜰 것'이라는 식입니다.

앞의 글을 읽어만 보아도 이제 우리는 이것이 완전히 말도 안 된다는 걸 알 수 있습니다만, 임마누엘 칸트라는 또 다른 유명한 철학자가 흄의 주장에 이의를 제기하기 전까지는 그렇지도 않았습니다. 칸트 이후에야 우리는 '무엇이 정말로 실재인가?'라는 질문을 던지기 시작했습니다. 칸트는 실재가 있다고 보았습니다. 그에게 실재란 우리가 감각하고 판단하는 대상에 관한 해석적 자료로부터 우리가 만들어 낸 것입니다. 그는 이러한 과정을 현상phenomena의 영역이라고 불렀습니다. 이때 실재의 대상 또는 물자체는 실체noumenon의 영역—우리의 감각을 넘어서 실재의 사물이 존재하는 영역—에 존재합니다. 칸트는 그것이 저 너머에 있다는 것을 우리가 알고 있지만 그것은 의식을 넘어서며, 그래서 알 수 없는 것이라고 말했습니다.

비록 이게 흄보다 좀 더 낫게 들리기는 하지만, 여전히 칸트도 실재 세계는 우리가 결코 알 수 없는 것이라고 말하고 있습니다. 그리고 우리 자신의 실재를 우리가 창조하고 있다는 서양철학의 주류적 사고에 머물러 있습니다. 그러나 우리가 방향을 바꾸어 생각도 못한 사고를 시작하려 한다면, 즉 우리가 실재를 알고자 한다면 우리는 어떻게 나아가야 할까요?

우리는 다음과 같은 질문을 던질 수 있습니다. "내가 감각하고 있는 저 지시물을 형성하는 것은 대체 어떻게 존재하는가?" 지시물은 우리가 감각 정보를 만들어 낼 때 지시하는 사물입니다. 그것은 세계에 대해 사고하기 시작할 때 우리가 지시하는 사물들을 어떻게 제거했는가와 관련해서 포스트 모더니즘의 수치 disgrace가 됩니다. 여기에서는 지시하는 사물들 없이, 우리는 오로지 해석을 할 뿐이며, 여러분의 해석이란 그저 저의 것과 별다를 게 없다는 의미로써, 모든 해석은 상대적이고 잘못된 해석이란 없다고 말합니다.

우리가 알 수 있는 영역으로서 칸트의 실체에 대해 진정으로 알기를 원하고 탐구하기를 원한다면, 우리는 우리의 모델을 우리가 지시하는 사물이 포함되도록 확장해야 합니다. 이것이 의미하는 바는 우리의 모델에 지시물을 추가하는 게 필요하다는 것입니다. 그것은 이제 이와 같습니다.

지시물 〉 감각 〉 판단 〉 해석

단어들에 대해 제가 했던 설명으로 돌아간다면, 우리는 이제 제가 쓴 이 글의 단어들이 감각 정보로서 나타나기 위해 어떻게 존재해야 하는가를 생각해 봐야 하겠죠. 이제 우리는 제가 쓴 단어들이 존재한다는 것을 뒷받침해 줄 기제를 찾고 있습니다. 이것은 매우 복잡하게 시작하는데, 왜냐하면 우리가 게리 호크에 대해 생각한다고 해 보면요. 게리는 우리가 심리적/철학적 수준이라고 할 수 있는 측면에서, 오랫동안 생각해 왔던 것을 설명할 수 있는 최선의 방법을 찾기 위해 노력하고 있습니다. 우리는 두 뇌에서 정보를 처리하는 과정 또는 게리가 신체적으로 어떤 체형인지를 살피는 방식으로 자연적 수준에서 탐구할 수 있습니다. 우리는 공유된 언어나 계급적 교육 같은 정보를 해석하는 방식으로 탐구할 수도 있지요. 이 모든 것이 문화적/사회적 수준이 될 것입니다. 우리는 게리가 자신이 좋아하는 것을 자유롭게 말할 수 있다는 점에서 정치적 요소와 함께 학교 교육, 경제적 요소 또는 물질적 소재의 구성과 같은 쓰기와 읽기의 과정 역시 생각할 수 있습니다. 우리는 또한 게리가 종교에 반하는 이야기를 한다는 점에서 종교에 대해 고려할 수 있습니다. 이는 물질적/체계적 수준이 될 것입니다. 우리가 탐구하고 있는 이러한 과정의 수준들을 존재론 또는 '무엇이 존재하는가'에 관한 연구라고 부를 수 있습니다.

이러한 모든 기제는 제 단어들뿐 아니라 모든 사람의 단어들이 발생하는 데 도움을 줍니다. 이러한 기제는 우리의 감각으로부터 독립된 단어들을 물자체로서 구성합니다.

이제 우리는 모든 단어의 구성에 동일하게 적용되는 몇 가지 보편적 요소에 대해 탐구하기 시작했습니다. 그러므로 여러분이 제가 말한 단어들을 감각하기 전에 여러분은 제가 말한 단어들의 가능성을 발생시키는 사물들을 지시합니다. 그것들의 가능성은 모든 단어의 가능성이기 때문에, 우리는 '우리의 해석이 실재를 창조한다'는 관점을 무너뜨렸습니다. 이제 우리는 감각을 통해 알게 되는 현상적 표현으로서, 우리의 감각으로부터 독립된 세계가 존재한다는 결론에 도달할 수 있습니다. 게리의 단어들을 존재케 하는 발생 기제가 있는 것입니다. (독자가 알거나 알지 못할 수도 있는) 그것은 화면 위의 점이나 종이 위의 표시로 나타나며, 독자는 이것을 감각하고 판단함으로써 해석을 하는 것입니다.

이것이 비판적 실재론입니다. 우리가 알거나 알지 못할 수도 있고, 감각하거나 감각하지 못할 수도 있는 **실재**의 보편적 발생 기제가 세계에 있다는 제안입니다. 이러한 기제가 **현상적** 사건의 가능성을 창조하며, 그것은 우리가 우리 자신의 독특한 방식으로 **경험적** 자료를 해석한 것입니다. 우리는 우리가 속해 있는 아주 커다란 실재의 세계에서 아주 작은 부분만을 보고 있다는 사실을 잊지 않기를 바랍니다.

이 책의 구성

원래의 온라인 실시간 방송에서 로이는 두 시간 동안 세 차례 강연하며, 비판적 실재론의 세 가지 주요 단계를 탐구하고 설명했다. 강연의 목적은 로이의 작업에 익숙하지 않은 청중에게 비판적 실재론을 안내하고, 가능한 한 추상적이고 학술적이며 철학적인 언어를 피하는 것이었다.

이 책은 강연의 목적과 구성에 따라 세 개 장으로 나뉘며, 필요한 경우 장을 몇 개의 절로 세분화한다. 편집자로서 나는 각 장을 어떻게 구성할지, 어떤 각주를 덧붙일지, 그리고 어디에 이해를 뒷받침하는 데 도움이 될 표와 그림을 넣을지 등을 결정했다.

1장은 기본적 또는 원형적 비판 실재론으로 시작한다. 여기에서는 로이가 존재론 대 인식론, 사실 대 가치, 마음 대 몸, 구조 대 행위주체로부터 세계 내 이원론, 또는 분열에 대해 탐구하는 것을 볼 수 있다. 자동적 영역과 타동적 영역이라는 관점을 제공함으로써 로이는 우리가 실재적, 현상적 그리고 경험적 공간을 만들면서 이원론을 붕괴시킬 수 있음을 보여준다.

2장은 변증법적 비판 실재론으로, 이원성 또는 집합체constellation* 를 탐구함으로써 이 연구를 심화한다. 여기서는 부재와 부정성의 중요성을 언급한다. 세계에 대한 우리의 지식에서 무엇이 부

---

* 'constellation'은 별자리 또는 성좌라는 뜻을 지닌다. 별자리에서 별들은 서로 관계를 통해 위치지어진다. 바스카는 총체성과 관련하여 이 용어를 사용한다. 자세한 설명은 이 책 2장 주석 50번을 참고하라. [옮긴이]

재하는지를 인식함으로써 해악과 제약을 없애는 것이다.

3장 메타실재의 철학은 로이의 작업에서 가장 논쟁적인 영역으로 옮겨 간다. 존재론을 비이원성으로서 사고하는 것이다. 그러나 영적 경험으로서의 비이원성에서 약간 벗어나 비이원성을 철학적 관점에서 사고한다면, 그것은 심층 존재론 수준의 진정한 진리를 우리가 축적axial 합리성(우리는 모두 같은 행동을 한다)과 보편적 연대(우리는 모두 같다)로 공유한다는 것을 알 수 있다.

헌사

이 책은 오로지 램 로이 바스카(1944-2014)를
기억하기 위한 것이다.

나는 또한 나의 동료 앤에게 감사의 말을 전한다.
그녀는 로이가 한 강연을 녹취하는 도전적인 작업에
많은 시간을 쏟으며 2015년 여름을 보냈다.
덕분에 나는 이 책을 제작할 수 있었다.

앤 없이는 이 책이 없었을 것이다. 감사드린다.

그리고 나는 도널드 클라크에게 감사해야만 한다.
그의 지원, 창조성, 비전 그리고 이 책을 만드는 데
도움이 되었던, 비판적 실재론에 대한 나의 이야기를
그는 오랜 시간 경청해 주었다.

고맙네, 친구.

"… 당신이 말할 수 있는 모든 의도와 목적을 위해,

그는 철학자라고 할 수 있을 만큼, 굉장히 많은 책을 썼고

그의 사상에 대해 토론하는 사람들이 있다. 하지만 그렇다고

해서 필연적으로 온전하다는 느낌이 드는 것은 아니다.

그것은 사람들이 그 사상으로 무엇을 하고 있느냐에 달려 있다."

로이 바스카(2010: 21), 《비판적 실재론의 형성》

1

이원론

기본적 비판 실재론

2014년 5월 3일 온라인 실시간 방송

"그동안 '원형적', '기본적' 또는 '1차' 비판적 실재론이라고 불리던 것은 물리학과 화학 등 자연과학의 실험 및 응용 활동에서 비롯된 두 가지 주장으로 구성되었다. 이는 한편으로는 인식론 또는 지식에 대한 철학적 탐구와 구분되는 환원 불가능한 존재론 또는 존재에 대한 철학적 탐구의 재옹호이고, 다른 한편으로는 전통적으로 거의 모든 과학철학의 교리를 뒷받침하는 이론, 즉 원자적 사건의 지속적 결합 또는 불변의 경험적 규칙성으로서 흄의 인과론을 암시하는 평평하고 획일적인 존재론과 구분되는, 세계 내의 구조와 차이, 변화를 인정하는 새롭고 급진적인 비-흄적 존재론에 대한 것이다."

로이 바스카(2010: 1),

《학제 간 연구와 기후 변화: 우리의 전 지구적 미래를 위한 지식과 실천의 전환》

도입 및 비판적 실재론의 여섯 가지 특징

1장은 비판적 실재론에 대한 일종의 입문에 해당하는 세 차례 강연 중 첫 번째입니다. 우선 비판적 실재론의 구분, 그리고 비판적 실재론의 단계 내 구분에 대해 약간 이야기하고자 합니다. 관례적으로 비판적 실재론은 3단계로 일컬어지는데, 1단계는 기본적 [또는 원형적] 비판 실재론이라 하고, 2단계는 변증법적 비판 실재론이라 하며, 3단계는 메타실재의 철학으로 알려져 있습니다.

이 첫 번째 강연에서 저는 다른 두 단계의 비판적 실재론의 전제가 되는 기본적 또는 원형적 비판 실재론에 대해 논의할 것입니다. 기본적 비판 실재론은, 세 단계로 다시 나누어집니다. 1단계는 과학철학인 초월적 실재론이고, 2단계는 사회과학의 철학인 비판적 자연주의이며, 3단계는 윤리학의 형태를 띤 설명적 비판 이론입니다. 기본적 비판 실재론에 대해 본격적으로 다루기 전에 철학에 대한 비판 실재론적 접근과 비판적 실재론에 대해 비판 실재론적으로 접근하는 도입의 방식으로서 뭔가를 말하고 싶습니다. 저는 이것을 여섯 가지의 주요 특징으로 나눌 것입니다.

제1의 특징은 철학적 기초 작업이다.

제2의 특징은 진지함[1]이다.

제3의 특징은 내재적 비판이다.

제4의 특징은 전제로서의 철학이다.

제5의 특징은 심화된 성찰 또는 변형적 실천이다.

제6의 특징은 헤르메스의 원리이다.

표 1. 비판적 실재론의 여섯 가지 특징

기초 작업Under-labouring

첫 번째―철학적 기초 작업―는 우리에게 비판적 실재론의 요지를 제공합니다. 기초 작업이라는 비유를 제시했던 존 로크의 인용문을 읽는 것이야말로 이것을 가장 잘 안내할 수 있는 방법일 것입니다.

"학문의 공화국에는 지금 이 시간에도, 과학의 진보를 이끄는 일에서 웅장한 설계로써 후대의 찬사를 받을 만한 영속적이고 기념비적인 건축물을 남겨 줄 훌륭한 건축가들이 매우 많다. 그러나

---

1   진지함seriousness, 독일어로는 'Ernst'. 이는 헤겔의 철학적 용어이다. 《정신현상학》 서문에 나오는 "Ernste des erfüllten Lebens(충실한 삶의 진지함)"은 진리를 탐구하는 자의 기본 태도에 해당한다. [옮긴이]

모든 사람이 보일[2]이나 시든햄[3]처럼 될 수는 없는 일이다. 그리고 위대한 호이겐스[4], 비교불가한 뉴턴 같은 명사들을 배출한 시대에, 지식으로 가는 길에 놓인 쓰레기들을 치우고 바닥을 청소하는 등의 기초 작업을 할 사람으로 고용되는 것은 충분히 야심찬 일이다."[5]

따라서 비판적 실재론의 목적은, 우리가 세계에 대해 알아 가는 것을 방해하는 쓰레기를 치우는 일입니다. 물론 이는 어느 정도 쓰레기가 있다는 것을 전제로 하는 것이긴 한데요. 실제로 살면서 경험이 있는 사람은 대부분 우리를 둘러싼 우리의 사고와 믿음 체계가 세계에 대한 지식을 얻는 데 미흡하고 장애물로 작용한다는 것을 알고 있다고 봅니다.

진지함

두 번째 요지는 진지함입니다. 이것은 이론과 실천의 통일과 관련됩니다. 대다수의 철학은 솔직히 진지하지 않습니다. 진지하지 않은 철학적 입장이 의미하는 바에 대해 예를 하나 들어 보

2　로버트 보일Robert Boyle(1627-1691), 아일랜드의 물리학자, 화학자. [옮긴이]

3　토마스 시든햄Thomas Sydenham(1624-1689), 영국의 의학자. [옮긴이]

4　크리스티안 호이겐스Christiaan Huygens(1629-1695), 네덜란드의 물리학자, 천문학자. [옮긴이]

5　존 로크John Locke(1632-1704), 영국의 철학자. 《인간지성론》, Epist. P. 9, ed. P. Nidditch, Oxford, Clarendon Press(1975).

겠습니다. 스코틀랜드 출신의 위대한 경험주의자 데이비드 흄[6]
이 다음과 같이 말했을 때 그러한 입장은 분명히 표현된 것입니
다. "건물에서 나갈 때 2층 창문보다 1층이 더 나은 이유는 없다."

　여러분이 이를 '터무니없는 소리'라고 생각한다면, 흄의 입
장은 진지하지 않은 것입니다. 왜냐하면 흄은 실제로 그것을 믿
지 않았기 때문입니다. 그가 그걸 믿었더라면 적어도 절반 정도
는 2층 창문으로 건물을 나가려고 했겠지만, 그는 그러지 않았습
니다. 그렇게 하지 않은 이유는 땅으로 끌어당기는 힘, 즉 중력이
있다는 것을 그가 알았기 때문입니다. 중력은 흄이 자신의 철학
적 입장에 흔쾌히 넣을 수 있는 힘이 아니었습니다. 따라서 그는
터무니없고 모순된 인식론적 관점을 제시할 준비가 되어 있었습
니다.[7] 진지하지 않음과 관련해서 흄의 이야기는 또 있습니다. "전
세계가 망가지는 것보다 내 새끼손가락이 망가지는 것을 택하는 것

6　데이비드 흄David Hume(1711-1776)

7　바스카에게 철학이란 무언가 근본적으로 불합리한 데가 있는 것이었다.
　세계에 대한 상식적 이해에 대해 아무 말도 하지 않는 것처럼 보인다는 점
　에서 (예를 들어, 흄식 회의주의를 둘러싼 집단들) 문제가 발생하며, 거기
　에는 불가사의한 무언가가 있다. 흄 자신도 그의 철학적 성찰에 의한 회의
　주의적 작업들을 친구들과 주사위 놀이를 즐기던 세계의 경험과 대비시
　켰다. 우리가 중력의 법칙이 존재한다는 것을 증명할 수 없다고 해도 우리
　모두는 2층 창문보다 1층 출구를 통해 건물을 나가려 한다. 철학적 문제
　들은 '실재적이고, 복합적이며, 모순될 수도 있는 지리-역사적 토대와 조
　건'을 갖추고 있다기보다, 궁극적으로 해결 불가능하다는 의미에서 인위
　적이고 진지하지 않다는 것이다.(Bhaskar, 2008b: 315) 또한 철학의 문제
　를 세속적 활동에서 멀리 떨어진 아카데미의 벽 안에 격리된 별개의 학문
　문제로 보는 것도 불만족스러운 일이다. 이는 바스카의 용어로 탈총체화
　detotalising이다.(Norrie A, 2010: 84)

이 더 나은 이유는 없다."[8] 우리는 모두 전 세계가 살아남는다면 우리의 새끼손가락을 희생해야 한다고 확신하기 때문에 지금 이 말 역시 터무니없는 것입니다. 사실 흄의 진술은 더 질 나쁜 것입니다. 왜냐하면 여러분이 전 세계가 망가지는 걸 선택한다 해도 어쨌든 여러분은 새끼손가락을 잃게 되기 때문입니다. 따라서 새끼손가락을 선택하지 않는 것은 정말로 무의미한 짓입니다.

비판적 실재론은 여러분이 걷고자 하는 철학을 만드는 것, 여러분이 걸어갈 수 있는 이야기를 만드는 것, 즉 여러분이 세상에서 살아가고 행동할 수 있는 철학을 만드는 것과 관련된 일을 합니다. 저나 다른 비판적 실재론자가 현재 말하는 것에서 실천하지 않는 것이 발견된다면 여러분은 정당하게 우리의 진지하지 않음을 규탄할 수 있습니다. 지금까지 우리는 비판적 실재론이 지식의 길에서 쓰레기를 치우는 것과 관련되어 있고, 또 그것이 여러분이 행동할 수 있게 하는 철학을 만드는 것과 관련된다는 것을 살펴보았습니다.

내재적 비판

비판 실재론적 철학 또는 철학에 대한 비판 실재론적 접근의 세 번째 특징은 내재적 비판입니다. 내재적 비판이란 우리가 어떤 사고 체계를 비판하거나 평가할 때 그 내부로부터 그렇게 한다는 것을 뜻합니다. 우리는 그 체계에 대해 반론을 앞세우는 게

8　실제 인용문은 이렇다. "내 손가락이 긁히는 것보다 전 세계가 망가지는 것을 택하는 것이 이성에 반하는 것은 아니다." [편집자]

아니라, 체계 내부에서 우리가 호소할 수 있고 아마도 받아들여
질 수 있는, 체계가 그 자체로는 지탱할 수 없는 무언가를 찾습니
다. 약간의 성찰만으로도 이런 종류의 내부적 또는 내재적 비판
은 그 체계의 내부로부터 무언가 잘못이 있다는 걸 보여줄 수 있
고, 그것을 지지하거나 붙잡고 있는 사람들의 믿음에 실제로 변
형이 발생할 수 있음을 보여줍니다. 양립할 수 없는 관점을 붙잡
고 있는 것이기에 그들은 그중 일부를 조정할 필요가 있습니다.

전제로서의 철학

다음으로 비판 실재론적 철학이 포함하는 네 번째 특징은 철
학에 대한 우리의 개념과 관련됩니다. 여기에서 철학은 우리가
살고 있고 갖고 있는 세계와 동일한 세계에 대해 말합니다. "세계
는 하나뿐이다." 철학이 말하고자 하는 것은 이것입니다. 그러나
철학이 세계에 대해 말하는 방식은 우리가 일반적으로 알아차리
지 못하는 우리의 생각이나 실천의 전제를 밝히는 것입니다.

"사물thing"의 개념에 대해 여러분이 생각해 본다면, 이것에 대한
예를 들 수 있습니다.[9] 여러분이 지금 여러분의 방을 둘러보고 있

---

9   바스카는 이처럼 '사물'에 대한 존재론적 이해를 받아들이는 한편, '사물
       성thinghood'의 필요조건인 내적 통일성에 대해 상세히 설명한다. "실체
       는 '사물'로 간주된다. 만약 그것이 하나의 단위(또는 체계)나 그러한 단
       위들의 종류(또는 부분) 또는 그러한 단위들 또는 종류들 또는 부분들 내
       부의 또는 사이의 관계의 집합으로 간주되는, 충분한 내적 복합성과 조직,
       구조 또는 일관성을 가지고 있다면, 또는 그것이 앞서 말한 것에 접지된
       기능으로 구성된다면 말이다."(Bhaskar, 2009: 218) 더욱이 그는 특히
       최근의 자연과학에 비추어 볼 때 사물의 개념이 일반적인 물질을 넘어
       서고, 또 구분되어야 한다고 주장한다. 왜냐하면 힘, 장場, 기체, 유전자
       코드, 전자 구조 같은 사물들이 있기 때문이다.(McWherter D, 2013: 7)

고 제가 방에 얼마나 많은 사물이 있는지를 묻는다면, 여러분은
당연히 탁자와 의자의 개수를 세거나 사람이 몇인지를 셀 수 있겠
지요. 하지만 탁자와 의자를 구성하는 분자는 어떻게 해야 할까요?

방 전체는 어떻습니까? 세는 것이 방에 있는 사물인가요? 약
간 성찰해 본다면 이런 종류의 질문이 모호하다는 걸 알 수 있습
니다. 마찬가지로, 제가 지금 여러분에게 우리의 상호작용에서
얼마나 많은 사건이 벌어지고 있는지 사건의 개념을 묻는다면,
그것은 특정한 문장을 말하는 것일 수도 있고, 여러분이 제 말을
듣는 것일 수도 있으며, 아니면 둘 다일 수도 있습니다. 다시 말
해 그것은 대단히 모호한 것입니다.

비판 실재론적 철학, 그리고 최선의 철학이라고 간주되는 것은
우리의 실질적 실천에 무엇이 전제되어 있는지를 이끌어 내는 것
입니다. 누군가는 쇼핑이라는 실천에 무엇이 수반되는지 따위를
알고 싶어 할 수도 있습니다. 더 많은 지식 유형의 이론을 선택하
기 위해, 실험을 실천할 때 세계에 대해 전제로 한 것은 무엇이었
을까요? 내재적 비판을 채택하면서 동시에 우리가 하려는 것은
사회적 실천들에 대한 우리의 전제를 분석하는 것입니다. 이제
우리는 과학이나 사회과학 같은 일부 분야에 대해, 비판적 실재
론의 철학적 설명이 하고자 하는 것이 무엇인지를 살펴볼 수 있
습니다. 우리는 자연과학 철학의 비평가들이 말하는 것에서, 그들
이 자연과학의 실천에 대해 정확하거나 충분히 깊이 있고 적절한
이론 또는 철학적 이론을 제시하지 못한다고 말할 수 있습니다.

심화된 성찰 / 변형적 실천

비판적 실재론의 다섯 번째 특징은 심화된 성찰 또는 변형적 실천입니다. 과학자로서 우리의 성찰[10]을 심화하여 우리가 비교적 정확히 해 왔다고 생각하는 것에 대해 더 나은 이론을 갖는 것이야말로 우리가 비판적 실재론에 기대하는 것입니다. 그러나 여러분이 사회과학의 장으로 들어섰을 때, 사회과학이 생산해 내는 것에 완전히 만족하기란 쉽지 않습니다. 왜냐하면 사회과학의 철학, 그리고 사회과학 내부의 특정 이론과 체계가 매우 모순적이기 때문입니다. 우리가 기대하는 것은 사회과학에 더 나은 설명을 제공하는 것, 그리고 그것이 연구하는 세계에 대해 더 나은 설명을 제공하는 것입니다. 그것은 우리의 성찰을 그다지 많이 심화시키지는 않겠지만 우리의 실천을 변형시킬 것입니다. 따라서 우리가 이 연속 강연을 계속할수록 우리는 비판적 실재론의 변형적 또는 비판적 기능이 점차 전면에 나오는 걸 보게 될 것입니다.

---

10 나는 철학에서 가장 중요한 단 하나의 기준이 성찰, 즉 이론과 실천에서 불일치되는 게 없는 것이라고 강조해 왔다. 따라서 흄이 2층 창문보다 1층 문으로 나가야 할 더 나은 이유가 없다고 주장하면서도 항상 1층 문으로 나가고 2층 창문으로는 절대 나가지 않는다면, 우리는 그의 체계에 근본적인 결함이 있다는 것을 어렵지 않게 알 수 있다. 마찬가지로 어떤 학자가 자신의 담론 속에 자신을 적용시킬 수 없다면, 우리는 그가 무언가 결정적인 것을 빠트렸다는 것을 안다.(Bhaskar, 2012b: 309)

헤르메스의 원리

철학에 대한 비판 실재론적 접근의 마지막 특징 역시 매우 중요합니다. 우리에게는 그리스식 이름인 헤르메스로 잘 알려진, 전설적인 이집트 철학자의 이름을 따서 저는 이것을 헤르메스의 원리라고 부릅니다.[11] 헤르메스의 원리는 다음과 같습니다. "내가 말하는 것이기 때문에 내 말을 받아들이는 것이라면 어떤 것도 그렇게 하지 말라."

제가 말한 것이 진리라고 한다면, 여러분은 이를 스스로 이해하고 규명할 수 있어야 합니다. 이것은 비판적 실재론의 매우 중요한 특징입니다. 이는 저나 다른 비판적 실재론자가 어떤 사건을 어떻게 설명할지에 대해 이야기할 때, 여러분이 그냥 가만히 앉아서 그것에 대해 메모를 하는 것에 그치는 것이 아니라, 집에 가거나 일을 하면서 거기서 벌어진 무언가를 설명하려고 노력할 때, 우리가 제공한 이론이 여러분이 행하는 실천에 효과가 있어야 함을 의미합니다. 이것은 모두 진지함의 일부이며, 만약 그것이 저에게 진지한 것이라면 여러분에게도 그것은 진지한 것이어야 하고 또 실제로도 효과가 있어야 합니다.[12]

---

11 그리스 신 헤르메스와 이집트 신 토트의 조합인 헤르메스 트리스메기투스는 이집트에서 가장 오래된 왕조의 초기에 위치한다. 일부 전문가들은 그를 아브라함과 동시대의 사람으로 간주하고 있으며, 일부 유대 전통에서는 아브라함이 헤르메스로부터 비학적 지식을 얻었다고 주장한다. [편집자]

12 비판적 실재론의 여섯 가지 특징을 더 연구하고 싶다면 다음과 같은 책을 읽기를 권한다. Bhaskar(2013: 11-12), 서언Prolegomenon, 《세계와 함께하기: 집단, 제도, 역사적 형성》, M. Archer and A. Maccarini (eds), London, Routledge. [편집자]

초월적 실재론

이제 비판적 실재론이 어떻게 시작되었는지에 대해서 약간 말씀드리겠습니다. 비판적 실재론은 비교적 현대적인 철학을 의미합니다.[13] 아마 제 첫 번째 저서 《실재론적 과학론》이 1975년에 출간되면서부터 시작되었을 것입니다. 저로서는 비판적 실재론을 시작할 때 꽤나 공을 들였습니다. 물론 저술에는 제 경험이 반영되었지요.[14]

저는 옥스포드대학교에서 철학, 정치학, 경제학을 공부했습니다. PPE philosophy, politics, economics로 많이 알려진 학부였습니다. 저는 세 과목을 거의 고르게 좋아했고, 그래서 약간 난처했습니다. 대학원에서 공부를 더 하고 싶었는데 어떤 과목을 선택해야 할지 고민하다가, 결국 경제학으로 하는 것이 좋겠다고 결론지었습니다.[15] 저에게는 세계에서 우리가 직면한 가장 중요한 문제가

---

13 이안 베르스테겐Ian Verstegen은 미국의 비판적 실재론을 포함하여 비판적 실재론의 역사에 대한 아주 훌륭한 개요를 제공한다. http://www.criticalrealism. com/archive/iverstegen_baacr.html [편집자] (2021년 1월 15일 현재 접속 가능)

14 로이 바스카의 개인적인 철학적 탐구와 비판적 실재론의 발전에 관심이 있는 이에게는 《비판적 실재론의 형성: 개인적 관점》(Bhaskar, R & Hartwig, M, 2010)을 권한다. [편집자]

15 철학에 대한 열정에도 불구하고 최종 시험이 끝났을 때 나는 결국 경제학을 선택했다. 물론 이것은 내가 경제학을 PPE 학부에서 가장 중요하게 또는 가장 진지하게 생각했기 때문이다. 나는 철학에서 제기되는 퍼즐들을 아주 잘 풀었기에 그 경험을 매우 보람 있게 여겼지만, 철학자들은 종종 스스로 '이 세상에 또 다른 지성이 있는가? 이 탁자란 존재하는 것인가? 당신은 두 손을 갖고 있는가?'와 같은 완전히 쓸데없는 일에 빠져 있기도 했다.(Bhaskar in Bhaskar, R & Hartwig M, 2010: 23)

빈곤 문제, 심각한 불평등 문제 등 경제적 문제인 것 같았습니다.

학부에서 경제학 공부를 할 때 저는 소위 저개발국가들의 문제에 대해 특별한 관심을 가졌습니다. 이제 우리는 그 나라들을 개발도상국이라고 부르지요. 제가 관심을 갖고 대학원 졸업 논문으로 나오기를 원했던 첫 번째 박사 학위 논문의 제목은 "저개발국가의 문제들에 관한 경제 이론의 관련성"이었습니다. 제 직관으로는 그것들은 전혀 관련되어 있지 않았고, 서구 선진국에 적용하려고 개발한 이론이 아시아, 아프리카, 라틴 아메리카의 신흥 탈식민지 국가들에 기계적으로 끼워맞춰질 거라고 당연시할 수 없다는 것이었습니다.

그게 제 직관이었고, 저는 아주 흥분된 상태에서 대학원 공부를 시작했습니다. 그리고 이름은 언급치 않겠지만 경제학과 철학에 정통한 매우 유명한 지도교수들이 있었습니다. 저는 제가 생각한 연구가 불가능하다는 결론을 금세 내렸지요. 왜일까요? 당시의 경제 방법론과 철학의 관점에서는 실재 세계에 관한 경제 이론에 대해 아무 말도 할 수 없을 것임이 분명했기 때문입니다. 그들이 경제학자로서 가지고 있는 것은 특정한 공리들의 집합이었고, 그것들의 함의를 보여줄 수 있도록 이러한 공리들을 개발하는 것이 그들의 임무였으며, 그 공리들을 설명할 수 없을수록 그들은 세계를 그와 같이 강력한 이론으로 더이상 언급하지 않았습니다(또는 세계에 대해 언급하기를 꺼렸습니다). 다시 말해, 그들은 이쪽의 이론을 세계 저쪽에 견줘 볼 수 없었습니다. 물론 제 논문의 취지는 무너지게 되었죠. 왜냐하면 저는 오직 '손은 두 개가 아니라 하나일 뿐이다' 같은 말만 할 수 있었으니까요. 마치 손 하나로 치는 박수 소리처럼 제 논문은 불가해한 프로 젝트처럼 보였습니다.

이것은 그 자체로 저에게 문젯거리였습니다. 경제학은 대체 왜 그런 걸까요? 저는 과학철학에 입문하여 많은 과학철학 책을 읽었습니다. 죄다 이론의 구축과 모형화, 규정, 설명, 예측 같은 것에 대한 이야기들이었지만 이러한 책들에는 세계에 관한 내용 은 없었습니다! 모두 인간의 활동에 관한 것이었지 세계에 관한 것이 아니었습니다. 그런 뒤에 저는 좀 더 파고들었고 좀 더 깊이 들어갔습니다. 그러고 나서 저는 굉장히 진지하게 우려하며 철 학으로 돌아왔고 근대철학을 거쳐 칸트와 흄의 고전적 저작으로 돌아갔습니다. 거기에서 제 어려움, 제 질문에 대한 해답이 다가 왔습니다.

그들은 이렇게 말했습니다. "존재론을 다루지 말라, 세계에 대해 말하지 말라." 이것은 존 스튜어트 벨에 의해, 러셀에 의해, 비트겐슈타인에 의해 반복되고 또 반복되었습니다.[16] 비트겐슈 타인은 말했습니다. "세계에 대해 말하지 말고, 세계에 대해 말하 는 것에 대해 말하라." 거기에 그것이 있었으므로 그것[존재론의

---

16 존 스튜어트 벨John Stewart Bell(1928-1990), 버트런드 아서 윌리엄 러셀 Bertrand Arthur William Russell(1872-1970), 루트비히 비트겐슈타인Ludwig Wittgenstein(1889-1951). (존 스튜어트 벨은 영국의 물리학자로 양자역학에 서 숨은 변수의 부재를 나타내는 벨 부등식을 증명했다. [옮긴이])

재옹회][17]은 제가 다뤄야 할 일이었습니다. 그것은 저를 실재론적 과학론[18], 초월적 실재론[19] 그리고 비판적 실재론의 프로젝트로 이끌었습니다.

실제로 실재론적 과학론에는 두 가지 목표가 있었습니다. 첫째는 세계에 대해 말할 수 있음을 입증하는 것이었습니다. 그것은 가능하고, 합당하며, 필연적입니다. 둘째는 우리가 새로운 이해, 즉 세계에 대한 새로운 설명을 가져야 한다는 주장이었습니다. 왜냐하면 낡은 철학, 낡은 인식론은 사실 세계에 대해 말하지 않았고, 암묵적으로 매우 특정한 종류의 세계에 대해서만 말했기 때문입니다. 그들이 암묵적으로 가정한 세계는 흄식 인과론에 의해 정의된 세계였습니다. 흄식 인과론은 설명의 연역적-법

17　분명 나는 이것을 해야 한다는 것을 알고 있었지만, 지식의 길을 가장하고 방해하는 이데올로기 비판이라는 주제가 이미 매우 중요했다. 나는 존재론의 초월적 재옹회와 과학적 과정이 우리의 믿음을 변화시키고, 우리에게 즉각적으로는 분명치 않은 세계에 대해 접근할 수 있게 해 준다는 이해가 보편적 해방을 위해 정말로 중요한 것이며, 이 책 《실재론적 과학론》이 담고 있는 영원한 메시지라고 생각한다.(Bhaskar in Bhaskar, R & Hartwig M, 2010: 55).

18　Bhaskar(1975/2008a), 《실재론적 과학론》, London and New York, Routledge.

19　내가 중요하게 생각하는 것은 첫째, 초월적 실재론은 어떤 특정한 과학이나 과학적 실천에 동의하지 않는다는 점이다. 그것은 특정 영역의 과학적 실천에 대한 비판과 상당히 일치한다. 오히려 그것이 하는 일은 과학적 실천(실험적 활동), 즉 우리의 과학 전통이 패러다임으로서 가능하고 이해할 수 있으며 성공적이고 지속되기 위해서는 세계가 어떠해야 하는지를 묻는 것이다.(Bhaskar in Bhaskar, R & Hartwig M, 2010: 58)

칙론적D-N[20] 모델과 전통적인 과학철학의 모든 이론을 지탱하는 핵심적인 것이었습니다. 이 인과법칙 이론에서는 인과법칙이 작용한다는 것을 원자적 사건들의 지속적 결합에 대해 말하는 것이라고 이야기합니다. 이는 세계가 고정되어 있고, 반복적이며, 구조화되어 있지 않고, 구분되지 않는다는 것을 암묵적으로 전제하는 것입니다. 이는 이곳의 세계가 남아프리카의 세계, 시베리아의 세계, 버마의 세계와 같다는 것이고, 지금의 세계가 1750년의 세계나 2050년의 세계와 같다는 것입니다.

물론, 우리는 그게 헛소리라는 걸 압니다. 그게 아니라면 적어도 저는 그게 헛소리이기를 바랍니다. 그런데 그것이 전제하는 것은 흄의 인과법칙론과 과학적 교리이며, 그것은 경험적 규칙성, 즉 사건의 지속적 결합을 입증하고자 하는 것이었습니다.

실재론적 과학론은 두 가지 주장으로 구성되었습니다. 존재론에 대한 주장과 새로운 존재론에 대한 주장, 이 두 가지 주장은 기본적 또는 원형적 비판 실재론의 철학적 줄기를 이루는 가장 중요한 특징이며, 비판적 실재론은 이 두 주장으로 압축됩니다. 존재론에 대한 주장은 근대철학이 인식론으로 환원되는 것을 반대하는 주장입니다. 지금 이러한 용어에 익숙하지 않은 분도 계실 텐데요, 인식론이란 지식에 관한 이론을 뜻합니다.

제가 미리 말씀드려야 했던 것은, 존재론이란 존재에 관한 이

론이며 존재에 대한 탐구라는 것입니다. 비판적 실재론에서는
과학을 이해하려면 여러분이 두 가지 차원을 구성해야 한다고
주장합니다. 먼저 존재론적 차원으로, 저는 이를 세계의 자동적
차원이라고 부르기도 하는데요, 이것은 과학에 의해 탐구됩니다.
그리고 인식론적 차원 또는 세계의 타동적 차원은 사회적 세계로
서, 여기에서의 과학은 과학의 자동적 대상에 대한 탐구를 통해 분
명해지고 발전하게 됩니다.[21]

　우리에게는 이 두 가지가 모두 필요합니다. 저는 양쪽 모두에
대해 충분히 확실한 개념을 갖추지 않은 것이야말로 기존 지식
이론에서 많은 문제의 근원이 되었다고 주장했습니다.

　존재론에 대한 이러한 주장은 인식론적 오류[22], 즉 인식론에 대
한 환원주의적 존재론에 맞서는 주장 또는 타동적 차원뿐 아니라

21　만약 인간이 존재하지 않는다 해도 소리는 계속해서 퍼져 나갈 것이고, 무
　　거운 물체는 정확히 동일한 방식으로 땅에 떨어질 것이다. 비록 가설이 있
　　다 해도 그것을 아는 이는 아무도 없을 것이다. 이러한 것들을 불가피하게
　　과학기술적 신조어로서, 지식의 자동적 대상이라고 부르도록 하자. 지식의
　　타동적 대상은 아리스토텔레스식으로는 질료인material cause이다. 그것은
　　과학의 질료로서, 오늘날의 과학에서는 지식의 항목들로 만들어지는 인공
　　적 대상이다. 여기에는 선행적으로 확립된 사실과 이론, 패러다임과 모델,
　　특정한 과학 관련 학교나 노동자가 이용할 수 있는 조사 방법과 기법이 포
　　함된다.(Bhaskar, 2008a: 11)

22　[…] '인식론적 오류'는 존재에 대한 진술이 지식에 대한 진술로 환원되
　　거나 해석될 수 있다는 관점, 즉 존재론적 질문은 늘 인식론적 용어로 변
　　환될 수 있다는 관점에서 구성된다. 존재가 늘 존재에 대한 우리의 지식
　　적 용어로 해석될 수 있다는 생각, 즉 '네트워크가 말하는 게 아니라 네트
　　워크를 다루는 것만으로' 철학적으로는 충분하다는 생각이다.(Bhaskar,
　　2008a: 26)

44

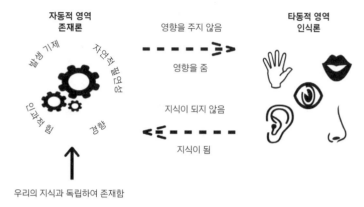

그림 1. 자동성과 타동성

자동적 차원에 대한, 비판적 실재론자들이 성[23] 삼위일체[24]라고 부르는 것에 대한 주장입니다.

비판적 실재론 또는 기본적 비판 실재론의 성 삼위일체에서

---

23 성聖, Holy은 구멍Holes의 말장난으로, 부재 또는 2E를 뜻한다. 우리는 다음 장에서 변증법적 비판 실재론을 탐구할 때 2E와 부재를 다루게 될 것이다. [편집자]

24 (1) 존재론적 실재성: 지식에 대한 자동적 대상들의 차원. 이것은 자동적 대상들에 대한 우리의 이론, 즉 타동적 공간으로부터 독립적인 방식으로 존재하고 작용한다. (2) 인식론적 상대성: 비판적 실재론은 인식론적 상대성을 받아들인다. 이것은 믿음이란 사회적 산물이라는 생각이며, 모든 지식이 역사적으로 일시적인 실체임을 암시한다. 다시 말해, 우리의 지식이 시간에 따라 변하는 것을 볼 때, 진리와 가치에 대한 우리의 기준은 우리의 특정한 역사적 시간 외부에 놓여 있지 않다. 인식론적 상대성은 또한 오류가능성, 즉 우리의 믿음이 거짓으로 판명될 수 있다는 생각을 포함한다. 게다가 비판적 실재론은 판단적 합리성이라는 가능성의 공간에 열려 있다. (3) 판단적 합리성: 개인들이 상대적 믿음들 사이에서 결정을 내릴 수 있다는 생각이며, 이는 그 자체로 인식론적 상대성과 역사성을 모두 가정하는 것이다.(Nunez I, 2014: 55)

는 다음 세 가지가 동시에 성립 가능합니다. 존재론적 실재성, 이 것은 세계에 대한 실재성입니다. 인식론적 상대성, 이것은 믿음 이란 사회적으로 만들어지는 것이고, 틀릴 수 있으며, 불변하기 도 하고 변하기도 하는 것이므로 우리의 지식은 상대적이라는 것입니다. 그리고 세 번째 원칙은 판단적 합리성입니다. 비록 우 리의 지식이 상대적이기는 하지만 특정 맥락에서 우리가 세계에 대해 일군의 믿음들, 일군의 이론들을 다른 것보다 더 선호하기 위해 강력하게 주장할 수 있다는 것입니다.

따라서 과학자들은, 뉴턴 체계가 거의 모든 맥락에서 훌륭하 게 적용될 수 있음에도, 아인슈타인 체계가 뉴턴 체계보다 더 우 월하다는 믿음을 강력하게 주장합니다. 그래서 이 주장의 중심 축에는 존재론에 대한 주장이 있고, 여기에서 중심 원리는 존재 론적 실재성, 인식론적 상대성, 판단적 합리성이 동시에 성립 가 능하다는 것입니다.

이제 새로운 존재론의 주장에 관한 한, 여기 두 가지 중대한 구 분이 있습니다. 먼저 개방 및 폐쇄 체계와 낡은 과학철학 사이의 구분이 있습니다. 경험주의와 신칸트주의를 따르는 대부분의 철

그림 2. 비판적 실재론의 성 삼위일체

학 체계는 일반적으로 폐쇄 체계를 전제로 합니다. 저는 세계가
개방 체계라고 주장했는데요, 여러분은 폐쇄 체계, 특히 실험실
의 폐쇄 체계에서 실제로 사건들의 결합을 얻어 내고 있나요? 우
리가 살아가는 개방 체계의 세계에서는 규칙적으로 반복되는 결
합이란 없으며 이것이 최초의 존재론적 구분입니다.

다음으로 두 번째는 구조, 발생 기제[25], 사건 사이의 구분, 또
는 제가 말한 실재의 영역, 현상의 영역, 경험의 영역 사이의 구
분입니다. 경험의 영역은 경험주의와 신칸트주의[26] 철학의 기준
선이지만 비판적 실재론에서는 경험되지 않은 사건들도 있다고
봅니다. 현상의 영역과 경험의 영역을 구분해야 하고, 여러분이
현상의 영역에 이르렀을 때 거기에는 사건들만 있는 게 아니라
사건들을 만들거나 발생시키는 구조와 기제 들이 있는 것입니
다. 사건을 발생시키는 이러한 구조와 기제 들은 과학적 이해의
진정한 대상이며, 개방 체계와 폐쇄 체계 모두에 적용됩니다. 다
시 말해, 그것들은 여러분이 규칙적으로 반복되는 사건들의 결

---

25 이제 기제와 구조가 실재라는 것이 인정된다면, 사건들의 패턴으로부터
    인과법칙의 독립성에 대한 해석과 실험 활동의 근거에 대한 더욱 유력한
    증거를 제공할 수 있다. 이러한 독립성의 실재적 기초는 자연의 발생 기제
    가 발생하는 사건들로부터 독립해 있다는 데 있다. 그러한 기제는 작용이
    없을 때에도 지속되며, 개입 기제나 방해 요인이 작동한 것으로 인해, 그것
    들이 근거하는 유법칙적 진술들의 결과가 실현되지 않았을 때에도 정상적
    인 방식으로 작용한다. 흔히 있는 그러한 개입을 배제하는 것, 그리고 기제
    를 촉발해 작용하도록 하는 것이 실험 과학자의 역할이다. 그런 다음에야
    간섭 없이 기제의 작용을 연구할 수 있다. 그리고 인과법칙적 진술에 따라
    기술된 것은 이렇게 작용의 특징적인 패턴이나 작동 방식이다. 인과법칙
    과 일련의 사건들 사이에 일대일 관계가 생기는 것은 폐쇄 조건에서만 그
    러한 것이다.(Bhaskar, 2008a: 36)

26 임마누엘 칸트Immanuel Kant(1724-1804)

합을 얻지 못하는 경우에도 적용이 됩니다.

　　거기에는 여전히 작용하고 있는 실재적 기제들이 있으며, 실험적으로 적용되지 않은 활동에 대해 제가 주장했던 전제가 바로 그것입니다. 그것이 없다면 우리는 물리학, 화학 또는 사회과학을 포함한 어떤 과학에서라도 우리의 지식을 적용할 수 없을 것입니다. 이것은 구조와 기제 들 사이, 한편으로 실재의 영역과 그것들이 발생시키는 사건들의 중대한 구분이며, 그것은 또한 실재의 영역이지만 현상의 영역이기도 합니다.

　　그래서 이제 거기에 존재론에 대한 주장의 수준에서 인식론적 오류라 불리던, 경험주의와 칸트적 주류의 입장을 뒷받침했던 중심 오류가 있었던 것처럼, 여기에도 중심 오류가 있으며, 이것이 바로 현상주의Actualism[27]의 오류입니다. 이것은 우리가 힘, 경향, 성향의 가능성과 실재를 현상으로 환원하는 오류입니다. 제가 초월적 실재론이라고 부르는 이 새로운 과학철학의 가장 중요한 특징은, 아마도 실재는 층화되어 있으며 초월적 실재론의 층화 개념에는 세 가지 중요한 의미가 있다는 생각이었을 것입니다. 한편으로 구조들 또는 기제들과 다른 한편으로 사건들과 그것들의 결합 사이의 구분, 또는 실재의 영역과 현상의 영역 사이의 구분이 있습니다.

　　그렇다면 이 층화가 실재에서는 다층화되어 있다는 의미입니다. 따라서 제가 말하는 이 방의 탁자와 의자는 분자들로 구성

27　'현상주의'에 대해서는 다음을 참고하라. Hartwig M(2007),《비판적 실재론 사전》, http://plato.stanford.edu/entries/actualism/ (2021년 1월 15일 현재 접속 가능)

	실재의 영역	현상의 영역	경험의 영역
기제	✓		
사건	✓	✓	
경험	✓	✓	✓

그림 3. 영역들

되고, 분자들은 원자들로, 원자들은 양자역학 장들 또는 특이점들 또는 퀴크들로 이루어진 전자들로 구성됩니다. 다시 말해, 여러분은 과학에서 점진적으로 드러나는 층에 대한 층위들을 갖고 있습니다. 다음으로 거기에는 발현emergence을 포함하는 층화의 세 번째 중심이 있습니다.

발현은 초월적 실재론과 비판적 실재론의 매우 중요한 특징입니다. 발현에 대해 생각하는 가장 좋은 방법은 구체적 예시를 드는 것입니다. 심신 문제에 관한 예를 들어 본다면, 비판적 실재론자들에게 마음이란 발현적 힘 그 자체입니다. 이를 저는 물질 또는 몸에 대한 공시적 발현적 힘[28]이라고 특징지었습니다. 여기에는 세 가지 특징이 중요합니다. 첫째, 발현적 힘 또는 속성이 일방적이고 실존적으로 더 기본적인 힘, 속성, 또는 특성에 의존하는 방식입니다. 마음은 일방적이고 실존적으로 몸에 의존합니다. 그건 여러분이 아는 것처럼 몸 없이는 마음도 없다는 것을 의미합니다.

---

28 이 책 1장 주석 52번을 참고하라.

두 번째 특징은 마음이 분류학적으로 몸에 환원될 수 없다는 것입니다. 즉, 마음이 있기에 여러분은 동기, 의도, 이성, 계획, 목적 같이 특징적인 것들을 갖는데, 그것들을 몸의 속성에 대한 조건으로 환원하거나 끄집어낼 수 없습니다. 세 번째 특징은 몸과 마음이 동등하게 중요하다는 것인데(사실 이는 여러분이 그것에 대해 생각하고 있을 때 가장 극적으로 나타납니다), 그것은 마음이 인과적으로 환원될 수 없으며 몸의 영역에서 효과를 발휘한다는 것입니다. 무슨 말이냐면, 일단 여러분이 마음을 갖게 되면, 몸이 달라진다는 것입니다.

일단 마음이 생기면, 그것은 몸의 수준에 개입합니다. 그것은 우리가 기후의 수준에 개입해 왔던 방식이며, 이것은 물론 산업과도 관련된 것입니다. 이것이 행동에 관여하는 것입니다. 우리는 물질 세계에 변화를 일으킵니다. 생각해 보면 이것은 인간의 행동에도 관여하는 것입니다. 여기 제 옆에 앉아 있는 레베카[29]에게 제가, 조금 추우니 윗층의 내 사무실에 가서 스웨터를 가져올 수 있겠냐고 물어본다고 해 보죠. 그녀는 승강기를 타고 올라가 제 사무실에서 몇 가지 물건을 추릴 것이고, 줄곧 움직이면서 제 스웨터를 가지고 돌아올 것입니다. 그 모든 것이 몸 수준에서 물질적 변화가 될 것입니다. 그러므로 그것들은 발현적 힘의 세 가지 중요한 특징, 즉 세 가지 중요한 발현적 수준 또는 존재의 발현적 속성입니다.

29　레베카는 바스카의 지지자이자 파트너였을뿐만 아니라 도널드와 내가 그와 일한 3개월 동안 복잡한 방 예약을 담당하고, 로이의 일기를 정리했으며, 로이가 잘 지낼 수 있도록 돕는 중요한 역할을 했다. [편집자]

1. 마음은 일방적이고 실존적으로 몸에 의존한다

2. 마음은 분류학적으로 몸에 환원될 수 없다

3. 마음은 인과적으로 환원될 수 없고 몸의 영역에서 효과를 발휘한다

저는 이 새로운 과학철학의 특징에 대해 잠시 곰곰이 되돌아 보았으면 합니다. 무엇이 이것을 그렇게 흥미롭게 만드는 걸까요? 과학을 할 때 실제로 우리가 관심을 갖는 것은 우리 경험의 반복 이나 확인 또는 나아가 변조가 아닙니다. 우리가 주로 관심을 갖는 것은 우리 경험의 원인이나 우리가 세계에서 지각하는 사건들의 원인을 이해하는 것입니다. 과학이 하는 일은 흥미롭고 새로운 것 이죠. 그것은 한번도 이해하지 못한, 실재의 수준에서 우리가 이해 하고, 좋아하고, 말하는, 탁자와 의자 들의 수준, 그것들을 설명하 는 수준으로 옮겨 갑니다. 그래서 과학은 경이로운 것입니다. 무엇 이 숨겨져 있는지, 우리가 알고 있는 것 뒤에 무엇이 놓여 있는지, 우리가 관찰하거나 볼 수 있는 것이 무엇을 설명하는지 등에 대해 과학은 우리에게 말해 줍니다. 우리에게 새로운 것을 말해 주고 있 지요. 뉴턴이 중력 개념을 소개했을 때 그는 우리에게 새로운 것 을 말해 준 것이었습니다. 과학은 흥미진진하며, 우리의 앎은 경 계를 지속적으로 확장하고 있습니다.

과학철학에 대한 우리의 통속적인 이해로 돌아가 봅시다. 우리 가 가졌던 경험주의, 즉 우리가 가졌던 신칸트주의적 경험주의는 귀납의 문제[30]로 알려진 것에 의해 실패하고 말았습니다. 이는 사

---

30 귀납법의 전통적인 문제는 특정 사례로부터 일반적 진술로(엄밀한 의미 의 귀납법) 또는 관찰로부터 비관찰로 또는 과거로부터 미래 사례로(추론) 등에 대해 우리가 합리적이고 정당한 근거를 갖는가의 문제이다.(Bhaskar, 2008a: 207)

건들의 결합에 대한 특정한 관찰 횟수(또는 둘의 연관성)로부터 그
것들이 늘 연관된다는 가정으로 어떻게 옮겨 가는가의 문제입니다.

여러분의 경험 또는 공동체 속에서는 모든 백조가 하얗습니다.
그로부터 "모든 백조는 하얗다"와 같은 보편적 진술로 어떻게 옮
겨 갈 건가요? 좋아요, 물론 유럽인들은 라틴 아메리카, 남아메리
카, 호주에 도착했을 때 모든 백조가 하얀 게 아니라는 사실을 발
견했습니다. 많은 백조가 까맣기도 했습니다. 검은 백조를 발견할
수 있는 가능성은 우리의 지식을 위협하기도 합니다. 우리가 이렇
게 확인되지 않은 허위의 예를 가지고 있다면 말이죠.

따라서 여러분이 "모든 에메랄드는 초록색green이다"라는 진술
을 받아들인다면요, 근래의 과학철학자 넬슨 굿맨Nelson Goodman[31]
은 이 진술이 오늘밤 자정까지만 진실일 수 있고 자정이 지나면
모든 에메랄드가 갑자기 파래질 수도 있다고 지적했습니다.[32]

"모든 에메랄드는 초록색이다"에 대해 우리가 가진 증거는 "모
든 에메랄드는 파록색grue이다"라는 진술의 증거와 똑같습니다. 파

---

31 굿맨, 귀납법, 파록색 등에 대한 자세한 논의는 다음을 참고하라. '2장 이것이
에메랄드였다면 파록색일 것이다', 《귀납법의 문제와 수수께끼》(Cohnitz D
& Rossberg M, 2006) [편집자]

32 이제 '모든 에메랄드는 초록색이다'는 유법칙적이거나 거짓이다. 만약 그렇
지 않다면 '모든 에메랄드는 파록색이다'라는 굿맨스러운Goodmanesque 대안
도 동등하게 허용된다. 그렇게 된다면 가설에 따라 모든 에메랄드가 초록색
인 것은 순전히 우연이 된다. 반면에 '모든 에메랄드는 초록색이다'가 유법칙
적이라고 가정하는 것은, 에메랄드가 빛을 다르게 반사하는 이유가 화학적
구성의 결정 구조에 달려 있다고 가정하기 때문이다. 이제 그런 구조를 감안
할 때 에메랄드는 표준 조건에서 정상적인 관찰자에게 초록색으로 보여야
한다. 그러므로 파란색으로 보이는 것은 그러한 구조를 갖출 수 없고, 따라
서 결코 에메랄드일 수 없다.(Bhaskar, 2008a: 214)

록색이란 게 오늘밤 자정까지만 초록색이다가 그 이후에는 파란
색blue이 되는 것을 의미한다면 말입니다. 실제로 지식과 세계를
하나의 수준으로 환원시키는 문제인 현상주의 문제가 존재하는
한 귀납법의 문제를 해결할 방법은 없습니다.

비판 실재론적 과학자 또는 비판 실재론적 철학자가 할 일은 과
학자가 실제로 하는 일을 따르는 것입니다. 실제 과학자는 실험실
에서 의미 있는 규칙성처럼 보이는 무언가에 도달한 후, 초록색과
에메랄드, 왜 이 두 속성이 결합되는지 그 이유를 알아내고자 합니
다. "에메랄드를 초록색으로 만드는 건 무엇인가?" 이는 과학자가
묻는 것입니다. 다음으로 과학자는 에메랄드의 본질적 특성, 즉 초
록색이라는 속성을 드러내는 힘과 같은 본성에 대해서 계속 탐구
해 나갑니다.

다시 말해, 실제 과학자는 관찰된 것의 현상적 규칙성을 설명
할 수 있는, 즉 구조 또는 기제의 발견을 향해 나아가는 비판적 실
재론을 따릅니다. 이제 과학은 하나의 실재 수준의 지식에서 근원
적 수준을 설명하는 실재 수준의 지식으로 나아간다는 점에서, 과
학의 발전에서 훌륭한 이론적 근거를 갖추는 것이 가능합니다.

저는 이것을 가리켜 **D R E I(C)**라는 머리글자를 씁니다.[33]

D는 **서술**Description인데요. 과학에서 가장 먼저 하는 일입니다.

---

33 DREI(C)는 실험실 안에서와 같이 폐쇄 체계 내에서 일어난 사건을 설명
하는 데 적용한다. 사회 체계, 기후 변화, 정신분석 또는 장애 연구처럼 개
방 체계 내에서 일하는 비판적 실재론자는 RRREI(C) 모델을 사용할 것이다.
RRREI(C)에 대한 자세한 설명은 Bhaskar(2011: 3-6)를 참고하라. [편집자]

현상을 가능한 한 정확하게 서술하는 것입니다. 두 번째 R은 **역행추론**Retroduction[34]입니다. 이는 매우 중요합니다. 역행추론은 귀납추론도 아니고 연역추론도 아니며, 이 둘 다와 구분됩니다. 그것은 과학에서 가장 특징적인 논리적 운동입니다. 역행추론을 하는 순간에 과학자는 만약 그것이 진실이라면 사건이나 문제의 규칙성을 설명할 수 있는 기제 또는 구조를 상상합니다. 설명의 기제와 구조를 상정하기 위해 상상력을 사용하는 것입니다.

이제 분명 여러분은 설명의 기제와 구조를 몇 개라도 상정할 수 있습니다. 따라서 과학적 발전과 발견의 변증법에서 세 번째 단계는 E, 즉 **소거**Elimination입니다. 여러분은 허위를 소거할 수 있습니다.

그런 다음 여러분은 네 번째 수준에서 작동 중인 실재의 기제 또는 구조를 **판별**Identification할 수 있는, 매우 흥미로운 일을 하게 됩니다. 다섯 번째 단계는 (C), 즉 **정정**Correct입니다. 가능한 경우 여러분은 지금까지 얻은 결과를 정정할 수 있으므로, DREI(C)를 가질 수 있습니다.

34　역행추론과 회귀지시retrodiction의 차이는 Steve Fleetwood, S & Hesketh A(2010: 243-245)를 참고하라. [편집자]

D는 서술Description이다

R은 역행추론Retroduction이다

E는 소거Elimination이다

I는 판별Identification이다

C는 정정Correction이다

표 2. DREI(C)

두 가지 사항에 유의하세요.

1) 판별(I)에 이르게 되면, 여 러분은 왜 일이 그렇게 되어야 하는지 또는 왜 그런 방식으로 벌어져야 하는지, 명시적 행동이나 관찰 가능한 속성들로부터 독립된 이유를 갖게 됩니다. 귀납법의 문제에 따르면, 내가 다음에 마실 물 한잔이 지난번과 같은 방식으로 목마름을 해소해 줄 것이라고 예상할 이유가 없습니다. 또는 내가 밖에 나가 산책을 했을 때 비가 온다고 해서 내가 젖으리라고 예상할 이유도 없습니다. 지난번에는 그랬다 하더라도요.

그러나 이제 우리는 왜 그것들이 그런 방식으로 작동하는지 설명할 수 있는, 사물들의 본질적 속성과 힘에 대한 지식을 가졌습니다. 이것이 첫 번째로 유의할 사항입니다. 여러분은 그것을 설명하는 현상phenomena과는 독립적인 진정한 설명을 가지게 된 것입니다.

2) 여러분이 이러한 수준에 이르렀을 때, 즉 작동 중인 발생 기제 또는 구조를 판별할 때 그것으로 과학이 끝나는 것은 아닙니다. 다음으로 여러분이 할 일은, 물론 "왜 그런 일이 생기는 거지? 왜 세계는 그런 방식인 거지?" 하고 질문을 던지는 것입니다.

그러면 그 질문은 여러분을 과학적 발견과 발전의 새로운 주기로 움직이게 하며, 그렇게 여러분은 반복되는 DREI(C)를 갖게 됩니다.

이것이 초월적 실재론적 과학철학의 본질입니다. 할 수 있다면 저는 이렇게 말하고 싶습니다. "외부 세계를 연구하는 것과 관련된 사회적 과정으로서의 과학적 관점은, 우리가 알고 있는 실재에 관한 하나의 수준으로부터, 명확하지 않은 과정 속에서 그것을 설명하는 더 깊은 수준으로 옮겨 가는 것이다."

비판적 자연주의

일반적인 과학철학으로서 초월적 실재론에 대해 살펴보았습니다. 이제는 사회과학의 철학인 비판적 자연주의에 대해 좀 더 구체적으로 다뤄 보고 싶습니다. 여러분이 사회과학에 대해 생각할 때에는 자연과학에서 할 수 있는 몇 가지 가정, 예를 들어 타동적 세계로부터 독립된 자동적 세계 같은 것을 가정할 수 없습니다.

사회과학과 자연과학은 구분해서 보는 것이 좋은데요. 사실 내재적 비판의 원칙은 우리가 자연과학의 철학에서 얻은 결과를 사회과학의 철학에 그저 순진하게 적용할 수 없다는 것을 의미합니다. 왜냐하면 이 두 영역을 어느 정도까지 직접적으로 비교할 수 있는지에 대해서는 별개의 연구를 해야 하기 때문입니다.

우리는 다시, 새롭게, 사회과학의 철학에서 출발하고자 하며, 여기에서 다시 내재적 비판의 원칙을 사용해야 합니다. 제가 자연과학과 관련된 제 주장에서 실험 활동에 초점을 맞춘 이유는 이것이 모든 사람(경험주의자, 신칸트주의자 등등)이 동의하는 전제로서 모두가 이것을 매우 중요한 특징이라고 믿었기 때문입니다. 그리고 제 관점을 사회과학[35]의 철학에 반영한 것은 제가 아니었다는 점을 밝혀야겠습니다.

사회과학 및 사회이론의 철학과 관련하여 일반적으로, 대체로 부정할 수 없는 특징이 하나 있었습니다. 그것은 바로 어디에서든, 여러분이 어디를 보든, 거기에 이원론이 있었다는 점입니다. 이 이원론이란 대체 무엇이었나요? 구조와 행위주체 사이에

35　원문은 자연과학으로 되어 있으나 문맥상 사회과학의 오기로 보인다. [옮긴이]

이원론이 있었고, 사회와 개인 사이에 이원론이 있었으며, '개념
성conceptuality 또는 언어'와 '행위 또는 물질성' 사이에 이원론이 있
었습니다. 그리고 몸과 마음의 이원론, 이유와 원인의 이원론, 사
실과 가치의 이원론, 심지어 이론과 실천 사이에도 이원론이 있
었지요. 비판적 자연주의의 역할은 논의 중인 사안에 대해 좀 더
공정하게 이야기함으로써 이러한 이원론을 해결하고자 노력하
는 것이었습니다.

　이러한 해결책 중 몇 가지를 살펴보겠습니다. 구조와 행위주
체라는 오래된 난제를 살펴보죠. 제가 두 번째 책《자연주의의 가
능성》[36]에서 말한 것은, 구조와 행위주체가 잘못 이해되었다는
것입니다. 구조는 행위주체에게 늘 필요하며, 동시에 행위주체
는 구조를 재생산하거나 변형시킵니다.

　따라서 구조가 항상 필연적이라는 뜻은 인간의 행위주체 이
전에 그것이 이미 존재하고 있다는 뜻입니다. 여러분에게 언어
구조가 이미 존재하지 않는 한 여러분은 발화 행위에 참여할 수
없습니다. 결혼 구조 또는 가족 구조가 이미 존재하지 않는다면
결혼을 할 수 없겠지요. 그것에 대해 여러분이 충분히 깊이 생각
해 본다면, 여러분이 생각하는 어떤 행위든 늘 사전적 존재로서
구조가 전제된다는 걸 알게 될 것입니다. 그러므로 우리가 행위
주체와 구조에 대해 이야기할 때는 구조가 늘 먼저 옵니다.

　마찬가지로 중요한 것은 구조가 지속되지는 않을 것이라는
사실입니다. 항상 사전적으로 존재하는 구조도 행위주체 없이는

36　Bhaskar(1979/2014),《자연주의의 가능성: 현대 인간과학의 철학적 비판》,
London, Routledge.

지속될 수 없습니다. 만약 아무도 결혼하지 않는다면, 아무도 말을 하지 않는다면, 결혼이나 가족 구조, 또는 언어 구조는 살아남지 못할 것입니다. 그것들은 차츰 사라질 것이고, 언어는 더이상 살아 있는 것이 아닐 것이며, 결혼 제도든 무엇이든 과거의 일이 될 것입니다. 제가 변형적 사회 활동 모델[37]에서 정의한 구조와 행위주체의 역할은 구조의 사전 존재성과 행위주체의 재생산 또는 변형을 통한 구조의 필연적 지속성을 포함합니다.

　그 당시에 저는 두 번째 책을 썼습니다. 앤서니 기든스[38]도 유명해진 구조 이론을 공식화했는데, 공교롭게도 둘 다 1979년에 출판을 했습니다. 기든스는 런던 소호의 그리스 거리에 있는 아주 멋진 식당에서 저에게 점심을 대접하기도 했습니다. 우리는 우리의 모델이 매우 비슷하고 서로를 지지한다는 데 동의했습니다. 그 뒤 세월이 흐르고 나서 제 친구이자 동료인 마거릿 아처 Margaret Archer[39]는 그게 그렇지도 않다고 지적했습니다. 그녀는 정확히, 그 안에서 작동하는 중심적 역할인 시간 측면에서 제 모델

37　변형적 사회 활동 모델에서는 사회구조가 의도적 행위주체를 위한 필요조건이자 매개물이며, 행위주체는 다시 사회 형태의 재생산 또는 변형을 위한 필요조건이라고 본다.(Bhaskar, 2008b: 154)

38　기든스의 조언은 미국과 유럽뿐 아니라 아시아, 라틴 아메리카, 호주의 정치 지도자들에 의해 요청된 것이었다. 그는 영국의 신노동당의 발전에 커다란 영향을 끼쳤다. 그는 1997년 최초의 블레어-클린턴 대담과 그 이후의 대담에도 참여했다. http://www.lse.ac.uk/sociology/whoswho/academic/Giddens.aspx. [편집자] (2021년 1월 15일 현재 접속 불가)

39　마거릿 아처는 제12차 세계사회학대회에서 국제사회학회의 첫 여성 회장으로 선출되었다. 그녀는 교황청사회과학아카데미와 사회로부터 배우는 사회과학아카데미 창립 회원이자 비판적실재론센터 이사이다. http://cdh.epfl.ch/page-55771-en.html [편집자] (2021년 1월 15일 현재 접속 불가)

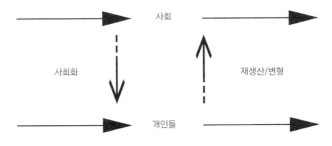

그림 4. 변형적 사회 활동 모델

* 변형적 사회 활동 모델에 대한 자세한 개요는 콜리어(1994: pp. 141-151)를 참고하라.
《로이 바스카의 비판적 실재론 입문》, London, Verso. [편집자]

이 기든스의 모델과는 아주 다르다고 말했습니다. 기든스의 모델은 마치 밤에 여러분이 잠자리에 들면 구조들이 짐을 싸는 것과 같다는 것입니다. 그러니까, 케임브리지대학교 교수들이 잠자리에 들었다가 아침이 되었을 때 대학의 규칙들을 다시 만드는 걸 상상해 볼 수 있습니다.

이것은 케임브리지대학에는 맞을지 몰라도 대부분의 사회적 삶에는 맞지 않습니다. 사회적 삶의 가장 분명한 사실은 과거의 일이 엄청난 제약을 가한다는 것입니다. 여러분이 앉아 있는 방을 둘러보면 그 방은 특정 시기에 건축된 집 내부에 있고, 가구는 특정 시대에 속해 있으며, 우리는 여기에서 사회학의 문제, 즉 19세기부터 이어진 구조와 행위주체의 문제에 대해 이야기하고 있습니다. 우리는 대체로 우리가 창조한 적 없는 세계에 살고 있으며, 이는 불행하게도 우리 급진주의자들이 원하는 방식으로 세계를 변형시키는 것이 대단히 어렵다는 걸 뜻합니다.

물론 그것은 세계가 변형될 수 없다는 뜻이 아니라 과거의 일로 인해 심각한 제약이 가해진다는 것입니다. 기든스의 모델은 지나치게 자원론적[40]입니다. 뭐랄까요, 마거릿 아처는 자신의 모델을 형태형성morphogenetic 모델[41]이라고 불렀는데, 그것은 변형적 사회 활동 모델의 이형異形입니다.

1979년 이후로 저는 지금 제가 사회적 존재의 4평면four-planer social being[42]이라고 부르는 개념으로 변형적 사회 활동 모델에 무언가를 더 보충할 수 있겠다고 생각했습니다. 사회적 존재의 4평면이라는 개념은 사회적 세계의 모든 사건이 4개 면에서 동시에 발생한다고 말합니다. 자연에서 물적 거래의 면, 사람들 사이의 사회적 상호작용의 면, 독특한 (경제, 사회, 언어 등등) 사회적 구조의 면, 그리고 네 번째로, 체화된 인격에 대한 층화의 면입니다. 그것은 변형적 사회 활동 모델에서 나온 중요한 발전입니다.

사회와 개인의 문제로 돌아온다면, 제가 《자연주의의 가능성》

40　자원론voluntarism은 지성보다 의지가 실재의 궁극적 원리라는 이론이다. [편집자] (자원론自願論은 의지주의 또는 주의설主意說이라고도 하며, 행위 주체의 목적 및 선택이 사회적 행위에서 결정적 요소라고 보는 이론이다. 이와 반대되는 이론은 결정론determinism이다. [옮긴이])

41　Archer M, '14장, 실재론과 형태형성', Archer M, Collier A, Bhaskar R, Lawson T, Norrie A(1998: 356). 《비판적 실재론: 깊이 읽기Critical Realism: Essential Readings》, Routledge를 참고하라.

42　변형적 사회 활동 모델은 사회적 존재의 4평면이라는 개념을 만들어 내면서 더욱 발전할 수 있었다. 이것은 모든 사회적 사건이 최소 네 가지 차원, 즉 자연에서의 물적 거래, 사람들 간의 사회적 상호작용, 사회적 구조의 독특성, 그리고 체화된 인격의 층화 차원에서 발생한다는 것을 분명하게 드러낸다. 물론 이 네 가지 면은 어떤 한 수준이나 차원에 대한 언급이 필연적으로 다른 수준이나 차원에 대한 언급을 포함한다는 점에서 필연적으로 그 자체의 층위 체계를 구성한다. 유사한 방식으로, 어떠한 응용적 설명과 관련되었든 각 사회적 수준은 사회적 존재의 4평면의 맥락에 놓일 수 있을 뿐만 아니라 규모의 위계, 즉 더 거시적이거나 상위의 기제 그리고 덜 거시적이거나 하위의 기제에 놓일 수 있다.(Bhaskar in Bhaskar et al, 2010: 9)

을 썼을 당시 유행했던 것은 방법론적 개인주의라고 알려진 교의였습니다. 이 교의에 따르면 사회적 세계에서 유일하게 실재하는 것은 사람들뿐입니다. 헌법, 군대 등과 같이 사회적 삶에서 언급했던 다른 것들은 궁극적으로 개인과 그들의 속성으로 환원될 수 있습니다. 이와 반대되는 사회이론과 사회과학의 철학적 경향도 있었습니다. 그들은 스스로를 일컬어 방법론적 전체론자 또는 집산주의자collectivist라고 불렀습니다.

하지만, 개인이 무엇인지에 대한 그들의 패러다임은 군중과 대중의 행동 같은 것이었고, 이것은 매우 유감스러운 일이었습니다. 제 생각에, 여러분이 만약 가족이나 경제 또는 정치 제도 등 사회구조에 관심을 갖고 있다면, 그것들이 대중의 행동과는 전혀 다르다는 것인데요, 저에게는 그게 마치 사회심리학적 현상 같아 보였습니다. 제가 주장한 것은, 전체론자와 개인주의자 모두가 잘못 이해했던 것이 사회는 개인에 관한 것도 아니고 개인에 반대되는 것도 아니라는 것이었습니다. 오히려 사회과학자들이 말하는 것은 개인들 간의 지속적 관계였습니다. 만일 여러분이 가족에 대한 제 패러다임을 사회학적 연구 주제로 삼는다면, 그 가족이 관심을 갖는 것은 부부 간의 관계, 부모와 아이들 간의 관계 등등입니다. 이것은 사회과학자에게 뚜렷한 관계적 기능을 부여합니다. 그러므로 저는, 그렇게 부를 수 있다면 말이죠, 이러한 관계주의가 개인과 비개인이라는 기존의 패러다임보다 뚜렷하게 진보한 것이라고 생각합니다.

하지만, 이후의 성찰에서 저는 이것에 약간의 단서를 달았습니다. 왜냐하면 사회과학에서 합당하게 여기는 대상이 오로지 지속적 관계뿐이라는 듯한 인상을 주었기 때문입니다. 저는 이것이 맞다고만 보지는 않습니다. 사실, 지금 저는 여러분이 사회적 현상을 얼마든지 연구할 수 있다고 생각합니다. 그리고 사회적 현상은 적어도 일곱 가지 수준으로 구성되어 있다고 생각합니다. 이것을 가장 작은 첫 번째 수준의 관점에서 본다면[43], 거기에는 무의식과 동기에 대해 생각하는 하위-개인 수준이 있습니다. 그 다음으로 개인 수준이 있는데, 사르트르와 같은 사회이론가 또는 소설가가 사회적 세계를 전형적으로 이해하는 수준입니다. 다음으로 가핑클[44]이나 고프먼[45] 같은 민속방법론자들ethnomethodologists이 세계를 연구하는 미시적 사회 세계가 있습니다. 다음으로 기능적 유형과 역할 간의 관계, 자본가와 노동자 간의 관계, 또는 경영진과 노동자, 경영진과 주주, 소유주와 주주 간의 관계, 또는 하원의원과 시민 간의 관계를 연구하는 고전사회학의 중간적meso 세계가 있습니다. 다음으로, 예를 들어 노르웨이의 경제 전체 또는 노르웨이 전체를 연구할 수 있는 거시적 사회 세계가 있습니다. 다음으로 초거시적mega 수준이 있습니다. 여기에서 여러분의 연구 단위는 이슬람의 발전이나 봉건제 같이 시공간 전체를 아우릅니다. 다음으로 행성 또는 심지어 행성 바깥의 태양계 전체를 다루는 행성 수준이 있습니다.

이제 이원론의 세 번째 부분을 보자면, 1960년대, 70년대,

43　일곱 가지 수준에 대해서는 로이 바스카가 Edwards P K, & O'Mahoney J, & Vincent S(2014)에 쓴 서문에 자세히 설명되어 있다. (10쪽 '반-환원주의와 층위 체계'를 참고하라) [편집자]

44　해럴드 가핑클Harold Garfinkel(1917-2011)

45　어빙 고프먼Erving Goffman(1922-1982)

80년대에 아마도 가장 날카로웠던 이원론일 텐데요, 해석학[46]
과 실증주의[47] 간의 대립으로 표현된 이원론이 그것이었습니다.
해석학자들은 사회적 세계가 본질적으로 언어적이라고 주장했
습니다. 만약 거기에 극단적인 게 있었다면, 사실 그들 대부분이
그랬지만요, 언어가 사회적 세계의 전부라는 것이었습니다. 제
가 '극단'이라고 한 건 윈치[48], 가다머[49]를 뜻합니다. 만약 그들이
극단이 아니라면, 베버[50]와 하버마스[51]가 그랬던 것처럼, 그들은
종종 실증주의의 일부 요소와 이것을 결합했습니다. 이에 대해
비판적 실재론은 어떤 입장을 취할까요?

　비판적 실재론은 해석학이 본질적이라고 주장하는 사람들
에게 단호히 맞섭니다. 사회적 실재는 개념화된 실재지만, 동시
에 사회적 실재가 고갈되지 않는 것은 사회적 실재도 물질적이
기 때문입니다. 사회적 세계를 이해하려면 개념적, 물질적 실재
를 이해해야 합니다. 여러분이 홈리스에 대해 생각할 때, 그렇죠,
여러분은 특정한 개념을 적용하는 것에 대해, 그리고 인간이라
는 종이 집이라는 개념을 어떻게 갖는지에 대해 생각하고 있겠
지요. 하지만, 여러분은 또한 홈리스들 머리 위에 지붕이 없고 밤
에 옷이 젖고 추워지는 것에 대해서도 생각할 것입니다. 사회적

46　Hartwig M(2007), 《비판적 실재론 사전》에서 '해석학' 항목을 참고하라.
　　http://plato.stanford.edu/entries/hermeneutics/ (2021년 1월 15일 현재 접속 가능)

47　Hartwig M(2007), 《비판적 실재론 사전》에서 '실증주의' 항목을 참고하라.

48　피터 가이 윈치Peter Guy Winch(1926-1997)

49　한스-게오르크 가다머Hans-Georg Gadamer(1900-2002)

50　카를 에밀 막시밀리안 "막스" 베버Karl Emil Maximilian "Max" Weber(1864-1920)

51　위르겐 하버마스Jurgen Habermas(1929년 출생)

실재의 이 두 가지 특징을 염두에 두는 것이 중요합니다. 사회적
실재는 개념화되고, 또 우리의 개념화에 의존하지만, 그것에 의
해 고갈되지는 않으며, 그 개념화와 우리가 쓰는 언어 때문에 비
판의 대상이 될 수 있습니다.

　몸과 마음의 이원론, 이에 대해 우리는 입장을 냈지요. 제가 공
시적 발현적 힘의 유물론Synchronic Emergent Powers Materialism[52]이라고 불
렀던 이론에서는 마음을 몸의 발현적 힘으로 보았습니다. 이유와
원인 간의 이원론 사례에서 우리는 이유를 원인으로, 즉 인과적으
로 유효하다고 보았으며, 저는 의도적 인과성 이론[53]을 제시한 바
있습니다.

　사실/가치 이원론에 대해서는 간단히 말씀드리겠습니다. 여
기에서 비판적 실재론이 견지한 것은 사실이 실제로 가치를 감
추고 있다는 생각이었습니다. 가치를 따지는 우리의 입장이 세
계에 대한 과학적 또는 사실적 기술에 근거할 수 있다는 생각입
니다. 여기서 저에게 정말 중요한 것은 담론의 비판성이었습니
다. 왜냐하면 여러분이 교육을 받거나 토론을 할 때, 여러분이 어

52　[…] 내가 옹호해 온 공시적 발현적 힘의 유물론S.E.P.M.은 물질적 힘으로
　　환원할 수 없는, 그 자체의 설명 원리를 가진, 생물학적으로 발현적인 앙
　　상블로서의 마음 개념을 지지하는 것이다. S.E.P.M.은 환원론적 물리주의
　　(예: 중심 상태 유물론Central State Materialism)와 행동주의에 대항하여, 그
　　것들의 물리적 기초와 운동을 각기 이루는 힘들을 무너뜨리고, 유심론
　　적 이원론(또는 관념론)에 대항하여 그것들을 실체화한다(또는 초월시킨
　　다).(Bhaskar, 2009: 91)

53　의도적 인과성이란 […] 생물심리사회적biopsychosocial으로 층화된 개인으
　　로서 사람들이 원인에 대한 이유를 제시할 수 있다는 생각이다.(Nunez I,
　　2014: 27)

떤 주장이든지 그저 누군가와 의견 교환을 하든지 간에, 여러분은 담론을 말하고 있을 뿐이지만, 이러한 담론은 암묵적으로 또는 명시적으로 비판적이기 때문입니다. 지구가 다른 것이 아니라 태양 주위를 돈다는 이론을 배울 때, 그러니까 여러분이 태양중심설을 배우기 시작할 때, 이것은 모든 지구중심적 관점에 암묵적으로 비판적입니다. 여러분이 지구가 곡선인 것으로 알 때, 이 앎은 여러분이 동쪽으로 400마일 떨어진 한 위치에서 직선으로 계속 걸어가면 마침내 출발한 곳으로 돌아올 수 있다는 생각에 대해 암묵적으로 비판적입니다. 여기에서 중요한 점은 세계에 대한 새로운 믿음과 이론을 배우는 과정에서 우리가 명시적으로 또는 암묵적으로 세계에 대한 우리의 낡은 신념과 이론을 버리고 바꾸고 제거하고 있다는 것을 이해하는 것입니다. 우리가 제거하는 것은 세계에 대한 우리의 믿음만이 아닙니다. 우리는 또한 그러한 믿음에 따른 행동에 대해서도 암묵적으로 비판적입니다.

　무엇이 특정한 문제의 원인이 되는지에 대해 새로운 이론을 갖고 난 뒤에 여러분이 마법을 보게 된다면, 여러분은 마법에 대한 자신의 생각을 수정하게 됩니다. 마녀란 없는 것이고 따라서 사람들을 마녀라고 불태우는 것은 잘못임을 알게 된 뒤에 여러분은 암묵적으로 변화할 것입니다. 여러분 자신의 행동에 대해 비판적이 될 것이며 그간 여러분이 해 오던 방식의 행동을 멈출 만큼 논리적으로 변할 것입니다. 여러분은 믿음을 바꾸는 노력에서 행동을 바꾸는 노력으로 옮겨 간 뒤, 세 번째 단계에서는 믿음과 행동의 원인이 되는 무언가를 설명하는 쪽으로 옮겨 갑니

다. 만약 여러분이 잘못된 특정 믿음을 만들어 내는 사회구조 또
는 심리 구조가 무엇인지 말할 수 있다면, 그리고 다른 사정이 같
다고 한다면 그것이 사회적이든 심리적이든 무엇이 되었든 간
에, 그러한 믿음이나 그러한 체계 또는 구조에 대해 여러분은 부
정적으로 평가할 것입니다.

　이것이 바로 제가 세 번째 책《과학적 실재론과 인간 해방》[54]에
서 발전시킨, 설명적 비판 이론[55]의 기초입니다.

54　Bhaskar(2009),《과학적 실재론과 인간 해방》, London, Routledge.

55　[…] 설명적 비판 또는 메타비판이다. 여기에는 사고 체계에서 무엇이 잘못
되었는지 또는 부적절했는지뿐만 아니라 왜 그것을 믿게 되었는지, (이러한
설명 형식의 다른 양식을 고려하여) 어떻게 발생, 수용 및 재생산되었는지에
대한 실질적 설명이 포함된다. 그러한 비판의 형태는 물론 부적절하고 오도
되거나 피상적 의식을 발생시키는 대상들에 대한 비판으로 넘어갈 수밖에
없다. 그것은 잘못된 믿음 체계의 해로운 영향이 갖는 전체 범위와 그것의
원인을 보여주기 위해 더욱 확장될 수 있다.(Bhaskar, 2010: 22)

응용적 비판 실재론

"비판적 실재론이 진지함의 기준을 충족하려면 응용이 가능해야
한다. 게다가, 훌륭한 과학을 위한 조수로서 그리고 이따금 산파
로서 비판적 실재론이 갖는 중요한 요점과 가치는, 자기 이해에
따른 응용 그 자체에 있다. 응용적 또는 실천적 비판 실재론(이를
테면, 행동하는 비판적 실재론)이 비판적 실재론자의 영혼 아니면 맥
박이 되어야 한다고 감히 말할 수 있을 정도로 말이다."

　　로이 바스카(2016: 78),《계몽된 상식: 비판적 실재론의 철학》

자, 제가 남은 30분 동안 하고자 하는 건 응용적 비판 실재론[56]
에 대해 조금이나마 이야기하는 것입니다. 이것은 일상생활과 실
천이라는 개방 체계에서 사용하기 위한 비판적 실재론입니다. 여
기에서 주목해야 할 첫 번째 지점은 응용적 비판 실재론의 어떤 프
로젝트든 언제나 두 가지 이유로 특별하다는 것입니다. 말하자면,
존재론이 포함된다는 점에서 여러분이 연구하려고 하는 대상은
특별합니다. 또 해당 프로젝트에 대한 지식의 측면에서 여러분
은 여러분의 타동적 차원에 위치한다는 점에서 특별합니다. 따
라서 일반적 방법이란 없고 오로지 어떤 인식론적 상황이 주어
지는, 특별한 대상을 위한 특별한 방법밖에 없습니다. 두 가지 특
별성의 정리, 또는 응용적 비판 실재론 연구는 다른 무엇보다도 중

56　응용적 비판 실재론에 대해 탐구하는 서적의 목록으로는 다음을 참고
　　하라.《Routledge Critical Realism series》,《Ontological Explorations》,
　　《New Studies in Critical Realism》,《Education》,《Critical Realism:
　　Interventions》,《Journal of Critical Realism》[편집자]

요합니다.

이 특정한 주제에 대한 저의 관심, 즉 그것에 대해 생각하고 작업하는 데 들인 시간이라는 측면에서 제 관심은 제가 게스트로 스웨덴 외레브로에 있는 장애 연구소에 머무를 때 비롯되었습니다. 제 호스트인 베르트 다니어마르크Berth Danermark[57], 그리고 비판적 실재론의 동료들은 그것이 학제 간 연구의 매우 중요한 주제로서 작업을 하기에 좋은 아이디어라고 생각했습니다. 우리가 이 학제 간 연구의 주제로 눈을 돌렸을 때[58], 특히 장애학[59]에서 학제 간 연구를 살펴보았을 때, 우리는 제가 비판적 실재론을 향해 첫발을 떼었을 때 발견했던 것과 비슷한 게 반복된다는 것을 발견했습니다.

거기에는 인식론과 관련된 많은 저술이 있었고, 그중 상당수는 사회학적으로 상당히 강렬했으며 학제 간 융합도 밀도 있게 진행되어 있었습니다. 그럼에도 존재론에 대해 다룬 것은 아무것도 없었으며, 세계의 본성에 관해서도 다뤄진 게 없었습니다. 그것이 학제 간 연구를 필수적이고 유용하게 만들긴 했습니다. 말할 것도 없이, 거기에는 존재론적 문제에 관한 실패로 인해, 실재적 알맹이나 통찰이 매우 부족한 문헌이 산더미처럼 쌓여 있었습니다.

---

57 베르트 다니어마르크(1951년생)는 현재 스웨덴 외레브로 대학 교수이다.

58 Mervyn H. (Ed)(2007)《비판적 실재론 사전》에서 '학제 간 연구' 항목을 참고하라.

59 Bhaskar R & Danermark B(2006) '메타 이론, 학제 간 연구 및 장애 연구: 비판적 실재론 관점', 《스칸디나비아 장애 연구 저널》, 8:4, 278-297. http://dx.doi.org/10.1080/15017410600914329 (2021년 1월 15일 현재 접속 가능)

비판적 실재론의 관점에서 출발한다면, 여러분이 개방 체계에서 일어난 현상을 다루고 있기 때문에 하나 이상의 발생 기제 또는 구조를 참고해야 한다는 것 또한 그 즉시 분명해질 것입니다. 당연히, 오직 폐쇄 체계에서만 하나의 구조 또는 하나의 기제를 갖는 것이고, 개방 체계에서 여러분은 항상 다수의 기제와 구조에 의해 만들어진 것을 다루고 있습니다. 따라서 여러분은 항상 복잡성을 다루고 있는 것입니다.

한편, 개방 체계에서 여러분은 주로 실재의 다른 존재론적 수준들에서 작동하는 기제를 다루고 있습니다. 그중 일부는 인간이고, 일부는 생물이며, 일부는 유기체이고, 일부는 무기체입니다. 그렇다면, 많은 수의 사람이 사회적이므로 여러분은 발현의 다양한 수준을 다루고 있는 것이기도 합니다. 복잡성과 여러 수준의 발현, 그리고 실제로 벌어지는 결과는 학제 간 연구 작업을 위한 존재론의 본질적인 구성 특징입니다.

베르트와 제가 장애학과 관련된 학제 간 연구를 시작했을 때, 우리는 장애학이 역사적으로 세 단계를 거쳐 왔다는 사실을 발견했습니다. 1960년대에는 임상 패러다임이 지배적이었습니다. 의학적 모델에서는, 기본적으로, 장애는 이렇게 여겨졌는데요…. 좋아요, 이렇게 말하죠. 기본적으로, 장애가 있다는 것은 신체적으로 또 생물학적으로 문제가 있다는 것이었고, 그걸로 끝이었습니다. 이러한 문제를 임상적으로 치료하거나 다루는 다양한 방법이 있을 것입니다. 당연히 생물학적 또는 임상적 환원주의에 대한 반발이 있었고, 그것은 소위 사회적 모델이라는 형태로 나타났습니다. 1960년대 후반과 1970년대에는 자원의 분배

가 올바르게 된다면 장애 문제는 존재하지 않을 것이라는 주장
이 나왔기 때문에, 실제로 그것은 경제적 모델이었습니다. 자기
다리로 걷지 못하는 사람들과 마찬가지로, 다른 장애가 있는 사
람들이더라도 모든 방에 접근이 용이하다면 아무런 문제가 되지
않을 거라는 말입니다. 분명히 경제 모델은 임상 모델에 비해 좋
은 점을 가졌지만, 여러분은 거기에 임상 모델적인 것이 여전히
남아 있지는 않았는지 물어볼 수 있습니다.

　1980년대에는 문화적 모델이 세 번째 모델 또는 패러다임으
로 떠올랐습니다. 이것이 바로 '우리 모두가 올바르게 언어를 사
용하고 우리가 언어에 대해 올바른 태도를 갖는다면 장애에 대
한 문제는 없을 것'이라고 주장한 사회구성주의 패러다임이었습
니다. 그래서 장애에 관한 모든 의문이 또 다른 형태의 환원주의
로 바뀌었습니다. 우리는 이렇게 세 가지 형태의 환원주의를 가
지고 있었는데요, 그것들 모두는 어느 정도 진실의 수준에 닿아
있었지만 안타깝게도 모두 환원주의였습니다.

　반환원주의 패러다임을 만들기 위해 베르트와 저는 층위 개
념을 사용했습니다. 그 개념은 비판적 실재론자인 우리의 친구
앤드류 콜리어Andrew Collier[60]에 의해 사용되었던 것입니다. 말씀드
렸던 대로, 층위 체계란 다수의 다양한 수준으로 구성된 체계이
며, 문제 현상을 이해하기 위해, 또는 적절히 설명하기 위해 각각
의 수준에 대한 언급은 필수적입니다.

60　A. Collier, '마르크스주의 변증법과 비판적 실재론', in A. Brown, S.
　　Fleetwood, J. M. Roberts (eds), 《비판적 실재론과 마르크스주의》, London,
　　Routledge, 2002, 155-67.

그림 5. 층위 체계

일반적으로 장애에는 신체적, 생물학적, 심리학적, 사회 경제적, 사회 문화적, 그리고 규범적 특징에 대한 언급이 모두 필수적이라고 주장했던(그 모든 게 정말 필수적입니다), 우리가 소개한 그 특정한 모델뿐만 아니라 우리가 공식화한 다양한 유형의 층위 체계가 있습니다. 제가 이미 언급한 사회적 존재의 4평면 모델, 사회의 일곱 층위 모델, 계층 구조의 일곱 수준, 이것들은 층위 체계의 종류입니다. 다른 것들도 있습니다. 여기에는 중첩된 시공간성을 내포하는 층위 체계의 모델들이 포함됩니다.[61]

인식론적으로, 우리는 어떤 학제 간 연구의 맥락에서든 중요한 것이 초학문성의 형태, 즉 창조적인 자연과학자들이 모델을 세울

---

61 층위 체계의 뛰어난 응용에 관해서는 리 프라이스Leigh Price를 참고하라. '비판적 실재론 vs. 주류 학제 간 연구', 《비판적 실재론 저널》, 2014; 13(1), 52-76. 또한 Edwards P K, & O'Mahoney J, & Vincent S(2014)에서 바스카가 쓴 서문을 참고하라. [편집자]

때 하는 것처럼 다양한 분야의 인지 자원들을 창조적으로 활용할 수 있는 것이라고 주장했습니다. 제가 말했던 두 가지가 전적으로 필요했습니다. 첫 번째는 교차 학문 간의 이해였습니다. 그것은 사회학자로서 제가 지리학자나 지질학자가 말하는 것을 이해하는 능력이고, 그 반대도 마찬가지입니다. 이러한 교차 학문 간의 이해를 실제로 달성하기란 매우 어렵지만 학제 간 연구 작업에서는 반드시 필요한 일입니다.

다음으로 마지막 단계는 효과적인 인식적 통합입니다. 이 두 가지 움직임은 학제 간 연구의 인식론적 수준에서 보편적 연대와 축적 합리성이라고 불리는 원칙에 의해 뒷받침될 수 있습니다. 두 원칙은 제가 세 번째 시간에 다룰 메타실재의 철학에서 나온 것입니다. 보편적 연대[62]는 원칙적으로 다른 사람을 이해하는 것이 언제나 가능하다고 말하는 것이며, 축적 합리성은 당사자 간에 갈등이나 분쟁이 있는 곳에서는 언제나 최상의 해결책에 도달할 수 있다고 말하는 것입니다. 그러한 원칙들은 훌륭한 학제 간 연구 작업에 약간의 희망을 줍니다.

하지만 현재로서는 커다란 장애물들이 있습니다. 이러한 장애물들은, 예를 들어, 기후 변화와 관련하여 효과적인 해결책을 찾는 데 심각한 문제를 야기합니다. 예술, 인문학, 사회과학 분야에서 훈련받은 사람들은 자연과학을 이해하는 일에 일반적으로 굉장히 큰 어려움을 겪는데, 그 반대도 마찬가지입니다. 더 큰 문제는 과학으로서의 경제학이라는 존재인데요. 그것은 다른 과학들, 다른 사회과학들에 대해 닫혀 있는 것처럼 보입니다. 이는 그

---

62 《갈등 해결과 평화》(162쪽)를 참고하라. [편집자]

과학의 내재적 발전에 의해서만 변형될 수 있습니다.

　　누군가는 학제 간 연구 팀에서 일하는 어려움을 이렇게 비교할 수 있을 것입니다. 여기에 외과의와 고문 외과의[63], 사회복지사가 같은 팀에 있다고 칩시다. 기존의 지위 체계가 고문 외과의 쪽으로 기울어져 있다면 그들은 대체로 사회복지사와 간호사, 물리치료사는 물론이고 환자 자신과 그 가족의 의견에 충분한 관심을 기울이지 않을 것입니다. 모든 사람이 문제의 치유에서 동등하게 필수적인데도 말입니다.[64]

　　일반적으로 학제 간 연구의 곤혹스러운 비극은, 학제 간 연구 작업이 비통합적인 과학과 학문으로 통합적인 문제를 다루고 있다는 사실에서 알 수 있습니다. 오늘날 세계가 직면하고 있는 수많은 응용적 문제에 효과적으로 대응하기 위해서는 우리의 사고와 행동 속에서 이에 필적할 만한 수준의 통합이 필요합니다.

　　학제 간 연구 작업에 대한 전망에서 성공과 변혁을 위한 여러 조건이 있습니다. 첫 번째 조건은 존재론적 질문과 인식론적 질문을 명확히 하여 애매한 점을 없애는 것입니다. 대체로 학제 간 연구의 맥락에서는 동일한 것이 다양한 학문 및 언어 공동체 또는 전문직의 구성원들에 의해 다양한 방식으로 언급될 것이기 때문입니다.

　　두 번째 원칙은 반환원주의입니다. 그리고 세 번째는 층위 체계를 사용하여 여러분이 관심을 갖고 있는 발생의 수준들 또는

63　고문 외과의consultant surgeon: 병원에 정규적으로 출근하지는 않지만, 상주 의사의 상담에 응하는 병원과 관계된 의사. [옮긴이]

64　Pilgrim D(2014),《정신건강의 이해: 비판 실재론적 탐구》, Routledge.

기제들에 대한 다양성, 효과적인 총체성을 구성하는 것입니다. 네 번째는 제가 학제 간 연구의 성 삼위일체라고 부르는 것을 고수하는 것인데요. 여기에는 메타이론적 통일성, 방법론적 특수성, 그리고 이론적 다원주의와 관용이 포함됩니다.

계속해서 다섯 번째는 학제 간 연구에 따르는 엄청난 장벽, 즉 직업적, 사회적, 재정적, 행정적 장벽들을 제거하는 것입니다. 그런 뒤에야 우리는 개방 체계의 현상을 다룰 수 있는 과학을 얻게 될 것입니다.

여기에는 더 많은 이야기가 있습니다. 특히 영국과 다른 많은 사회에서 두 문화의 세계를 옮겨 다니는 것에 대해, 즉 숫자와 수치의 세계를 고향으로 여기는 사람들이 인문학 또는 사회과학이 주된 지향인 사람들의 세계로 옮겨 가 보는 것에 대해, 그리고 그 반대의 경우도 마찬가지로, 교육적 변화를 포함해서 말입니다.

비판적 실재론의 포용

결론적으로 저는 오늘 비판적 실재론의 장점이라고 생각하는 것들에 대해 요약해서 말씀드리려고 합니다. 비판적 실재론의 포부는 간단히 말해, 최대한으로 품어 안는 것입니다. 따라서 비판적 실재론자에게는 모든 것이 실재입니다. 모든 것이 인과적 행위주체이며, 실재입니다. 따라서 비판적 실재론자에게는 믿음도, 설령 잘못된 믿음일지라도 인과적으로 효과적이라면 실재입니다. 비판적 실재론자에게는 언어도 실재이고, 수학도 실재이며, 물질성도 실재입니다. 인과적으로 효과가 있는 것이라면 무엇이든 실재이므로, 그것은 비판적 실재론자에게 최대한으로 포괄적인 존재론을 제공합니다.

동시에, 인식론적 수준에서 비판적 실재론자는 과학적 절차의 다양한 단계에서 다양한 종류의 방법이 어떻게 요구되는지, 그리고 다양한 연구 대상과 관련하여(예를 들어 한편으로는 사람들, 다른 한편으로는 분자들) 여러분이 어떻게 다양한 방법을 갖게 될 것인가를 언급하려고 노력합니다.

첫 번째 단계는 DREI(C) 모델로 설명할 수 있습니다. 물론, 두 번째 단계는 과학, 사회과학 안에서의 해석학적 순간에 대한 절대적 필요성을 우리가 수용함으로써 설명할 수 있습니다. 이것이 비판적 실재론의 첫 번째 장점입니다.

두 번째 장점은 과학, 또는 사회과학, 또는 비평의 실제에 대한 다른 모든 이론이 비판에 엄청나게 취약하다는 데 있습니다. 그것은 철학에 만연해 있는 연역적인 것이든, 경험주의와 신칸트주의가 갖고 있는 귀납의 문제이든 마찬가지입니다. 이들은 또한 비판적 실재론자가 가할 수 있는 비판에 취약한데, 예를 들어 사회적 세계에서 연구해야 할 중요한 것이 오직 언어일 뿐이라고 생각하는 경우(사회구성주의적 사고), 비판적 실재론자로부터 엄청난 비판을 받습니다. 돌아보면 지시대상reference 없는 언어를 어떻게 가질 수 있나요? 의미를 단순히 기표와 기의의 관계라고 상상하는 것이 가능할까요? 아니죠, 비판적 실재론자는 여러분이 지시대상을 가져야만 한다고 말합니다. 그리고 그것은 사회구성주의자의 입장과 그 기원에 대해 엄청난 비판을 가합니다.

　제가 아킬레스 건 비판[65]이라고 부르는 비판의 한 특정 형태는 매우 강력합니다. 비판이란 철학의 체계 내부에서 가장 강력하게 느끼는 바로 그 지점에 달려 있습니다. 따라서 이것은 실험 활동과 관련하여 경험주의 같은 것일 수 있습니다. 여러분이 이렇게 말할지도 모르겠네요. "그래요, 알겠어요. 당신은 다른 모든 곳에

65　그것은 내가 아킬레스 건 비판이라고 부르는 것이다. 비판의 이 형태에서 당신은 특정한 입장을 위해 가장 중요한 전제를 붙잡고 있다. 그리고 어떻게 그 전제와 그것에 의해 유지되기를 바라는 모든 아름다운 통찰이 사실상 그 특별한 존재론, 인식론 그리고 방법론에 기초하여서는 유지될 수 없는가를 보여준다. 세계에 관한 모든 지식이 경험의 지속적인 결합을 통해 나온다고 믿는 경험주의자에게는, 자연과학자가 보통 관심을 갖는 유일한 종류의 경험인 실험을 통해 생산한 경험에 대해 정의 내릴 수 없다는 사실을 깨닫게 하는 것이 실제로 타격이 아닐 수 없다. 마찬가지로 마르크스주의자에게도 그것은 타격이 될 수 있다. 예를 들어 그들의 인식론에 기초하여서는 계급의식이라는 개념을 유지할 수 없다는 것을 보여줄 수 있다면 말이다. 그것은 해석학자들과 사회구성주의자들에게도 타격을 줄 것이다. 그들의 가정에 따른 언어 이해가 유지될 수 없음을 보여줄 수 있을 때 그렇다. 그래서 이것이 아킬레스 건 비판인 것이고, 더욱 포괄적인 개념 형성에 도달하기 위한 가장 강력한 도구가 되는 것이다.(Bhaskar in Bhaskar, R & Hartwig M, 2010: 79).

서 나를 반대하지만 여기에서 나는 강력합니다"라고요. 비판적 실재론은 "아니오"라고 말합니다. 거기에서 당신은 가장 약하고, 그것이 비판의 매우 강력한 형태입니다.

여기에서 세 번째로 짚고 넘어가야 할 점은, 놀랍게도, 다른 현상적 체계들이 살아남기 위해서는, 즉 그것들이 실재에 대처할 수 있기 위해서는, 비판적 실재론을 사용해야 한다는 것입니다. 그래서 그것들의 실천을 저는 TINA 형태[66]라고 부릅니다. 그것은 암묵적 비판 실재론과 그것을 조종하는 것처럼 보이는 허위 이론을 사용하기 때문에 만들어질 수 있는 실천의 결합입니다.

여러분이 이에 대해 생각할 때, 비판적 실재론은 그러한 철학을 지지하는 소수의 사람들에게 매우 매력적인 미래를 제공합니다. 왜냐하면 우리는 "나는 당신의 암묵적 실천을 알고 있다, 이 일이 당신을 위해 작동하는 것처럼 보이게 하려고 당신이 실제로 무엇을 하는지 알고 있다, 당신이 그것을 알아차릴 때 당신은 점차 허위의 메타이론을 버리고 당신의 이론 속에서 흥미진진한 진리 덩어리nugget of truth[67]를 더욱 합리적이고 의식적인 방식으로 발전시킬 것이다"라고 말하기 때문입니다.

그래서 우리는 모든 사람에게 말합니다. 당신들이 사회과학을 공부한다면 필수적으로 철학도 공부해야 하고, 철학적으로

66　기본적으로, 발현적 오류와 착각에서 유래하는 '실천에서 진리는 이론상 허위와 결합되거나 허위와 긴장을 이룬다'(Bhaskar, 2012b: 84-5)는, […] 아이러니하게도 영국 총리 대처의 슬로건인 '대안은 없다There is no alternative: TINA'를 차용해 명명되었다. 이 말의 의도는 결국 대안이 있음을 보여주겠다는 것이다. [Hartwig M (2007), TINA 신드롬, 《비판적 실재론 사전》, Routledge.]

67　일반적으로 진리가 아닌 진술에 들어 있는 소량의 진리를 뜻한다. [옮긴이]

또 방법론적으로 자기의식적이어야 하며, 당신들의 연구나 조사를 시작하기 전에 비판적 실재론자가 되는 것을 선택해야 하는 시대라고요.

이것이 제가 '비판적 실재론의 포용'[68]이라고 부르는 것입니다.

여기에 동참하기 위해서 여러분이 실제로 비판적 실재론자가 될 필요는 없습니다. 그냥 동참하세요. 만약 여러분이 언어야말로 사회적 세계에서 가장 중요한 것이라고 생각한다면, 환영입니다! 정말 환영해요. 우리는 여러분이 이야기하는 어떤 것에도 이견이 없습니다. 여러분이 만약, 사회적 세계에서 계급이나 불평등이 자신이 원하는 무언가를 하는 데에서 가장 중요한 문제라고 생각하는 다른 사람을 막으려고 한다면 우리는 오직 거기에만 이견을 제기할 것입니다.

동참하는 모든 이, 비판적 실재론의 포용을 즐기는 모든 이를 환영합니다. 그리고 우리는 여러분과 함께 작업함으로써 더 많이 배우고 발전할 것입니다. 왜냐하면, 그래요, 비판적 실재론자로서 마지막으로 하고 싶은 말은, 그렇게 하는 사람들이 진리 또는 흥미로운 입장에 대한 독점권을 갖게 된다는 것입니다. 따라서 비판적 실재론자가 아닌 사람들로부터 배울 수 있는 것이 많이 있지만, 비판적 실재론은 항상 이렇게 다른 체계들과 철학들, 사상가들을 최대한 아우르기 위해 필요한 메타이론이 될 것입니다.

---

68 비판적 실재론이 시도하는 것은 전체적 그림을 제공하는 것이다. 이것은 비판적 실재론자들이 다른 입장들의 통찰을 수용할 수 있고 그들에게서 그 어떤 것도 두려워할 필요가 없다는 뜻이다. 비판적 실재론자는 사회구성주의자, 경험주의자, 신칸트주의자, 그리고 다른 모든 종류의 철학자, 사회이론가, 연구자가 함께하는 것을 환영한다. 이것을 비판적 실재론의 포용이라고 할 수 있다.(Bhaskar in Bhaskar R & Hartwig M, 2010: 78)

"… 해방이 가능하려면, 허위의식과 더 일반적으로는 나쁜 상태illbeing에 대해 충분히 근거 있는 설명이, 자기의식적인 변형적 실천을 알릴 수 있어야 하고, 인간의 생산적, 발달적, 삶의 향상과 소비적 힘 및 가능성을 자유롭게 할 수 있어야 한다."

로이 바스카(2009: 242), 《과학적 실재론과 인간 해방》

2
이원성
변증법적 비판 실재론
2014년 5월 24일 온라인 실시간 방송*

"내가 주장했던 것은 변증법**이 모든 학습과 발전의 특성이자, 매우
합리적인 과정이라는 것이었다. 그것은 부재에 의한, 부정성을 통해
동기부여되고 동력이 주어진다. 변증법을 전진시키는 것은 인간
세계에서의 결핍처럼, 어느 정도의 부재이다. 배가 고프면 당신은
음식을 찾아 나선다. 그러고 나서 제약하는 것을 파괴하거나 제거하려고
한다. 과학에서 당신은 실재에 대한 서술에서 무언가를 빠트린다.
머지않아 당신이 빠트린 무언가가 실재에 대한 서술에서 다시 나타나
모순의 형태를 띨 것이다."

로이 바스카(2012c: 129),

《메타실재에 관한 성찰: 초월, 해방 그리고 일상생활》

* 실시간 방송 당일 로이의 몸이 너무 좋지 않아서 계속 진행할 수 있을지 의문스러웠다. 그럼에도 우리는 진행했다. 그런데, 결과적으로, 내가 유튜브 영상을 만들자마자 로이는 그것을 공개하지 않기를 원했다. 그는 자신이 변증법적 비판 실재론을 충분히 설명하지 못했다고 생각했다. 나는 그 강연이 이해할 수 있을 정도였다는 걸 로이에게 수차례 설득해야 했다. 그리고 결국 그는 공개를 허락했다. 이 강연을 편집하면서 나는 변증법적 비판 실재론의 복잡성을 전달하는 것이 로이에게 도전거리임을 알게 되었고, 이따금 그것이 추상화되기 시작하는 것처럼 느껴졌다. 이해를 돕기 위해 나는 더 많은 각주를 덧붙였고, 그럼으로써 로이의 강연이 자유로워질 수 있도록 애썼다. 내가 권하고 싶은 것은 로이가 제안한 것과 동일한데, 이 장을 읽을 때, 책을 읽고, 그것에 대해 생각해본 다음, 되돌아와 다시 읽으면서, 당신이 필요한 만큼만 가지고 가라는 것이다. [편집자]

** 플라톤의 《변론》에서 소크라테스는 '반성하지 않는 삶은 살 가치가 없다'라는 명언을 남겼다. 플라톤이 그것, 즉 소크라테스가 염두에 두고 있는 일종의 반성을 묘사하는 방식은 변증법적이다. 변증법에 대한 연구와 정교화 작업은 사실, 중세와 르네상스 시대의 사조에서 철학적 교육의 핵심 특징 중 하나가 되었다. 하지만 변증법에 대한 정확한 단일 정의는 없다. 그러나 간단히 말해서 변증법적 사고는 일종의 철학적 대화라고 생각할 수 있다. 두 개 또는 그 이상의 관점 사이를 오고 가는 과정인 것이다. […] 변증법은 아직 (또는 더이상) 알려지지 않은 진리를 발견하거나 드러내는 것에 관한 것이다.(Baggini J & Fosl P, 2010: 49)

도입 및 존재론의 수준들

변증법적 비판 실재론[1]은 비판적 실재론의 세 가지 주요 단계 중 두 번째 단계입니다. 지난 장에서 논의한 첫 번째 단계인 기본적 비판 실재론은 초월적 실재론과 과학철학, 사회과학의 철학으로서 비판적 자연주의, 초기 윤리학의 한 종류로서 설명적 비판 이론으로 구성됩니다.

그 다음으로 변증법적 비판 실재론이 있고, 다음 장에서는 세 번째 단계인 메타실재의 철학을 살펴볼 것입니다. 이 세 단계를 한꺼번에 보는 가장 좋은 방법은 우리가 지난 시간에 진행했던 주장을 발전시키면서 그것들을 존재론의 연습으로서 보는 것입니다.

우리가 기본적 비판 실재론을 시작했을 때, 존재론에 대한 두 가지 주장으로 시작했다는 것을 여러분은 기억하실 겁니다. 존재론에 대한 주장으로서 존재론을 인식론으로 환원하는 것에 반대하는 주장, 그리고 서양철학에서 지배적 전통인 암묵적 존재론에 반대하는 주장이었습니다. 우리가 보았던 이 암묵적 존재

---

1   변증법적 비판 실재론은 아마도 비판적 실재론의 가장 복잡하고 도전적인 단계일 것이다. 따라서 나는 앨더슨의 《변증법적 비판 실재론의 열두 가지 주요 개념》(Alderson P, 2013: 48-71)부터 시작할 것을 권하고 싶다. 여기에서 앨더슨은 변증법적 비판 실재론에 관한 매우 적절한 개요를 제공한다. 다음으로 노리의 《변증법과 차이》(Norrie A, 2010)로 넘어가는 것이 좋다. 노리는 변증법적 비판 실재론 및 관련 문헌들에 대한 탁월하고 깊이 있는 개론을 제공한다. [편집자]

론은 사실상 자연에서 무용하거나 불가능한 현상주의의 일종에 지나지 않았습니다. 이제 이 장에서 우리가 하려는 것은 존재론을 발전시키는 것입니다. 그리고 다음 장에서는 존재에 대해 더 깊고 구체적인 이야기를 하고자 합니다.

이렇게 말해도 되겠지요. 우리가 기본적 비판 실재론에서 얻어 낸 것은 존재 그 자체에 대한 생각과 비동일성non-identity[2]을 수반하는 존재에 대한 탐구였습니다. 두 가지 특정한 형태의 비동일성이 매우 두드러지게 나타났습니다. 분화와 층화가 그것인데요. 이는 우리가 지난번에 발전시켰던 존재론의 주요 요지이기도 합니다. 사실, 물론 우리는 세계에 대해 더 많은 것을 알 필요가 있습니다. 우리에게 철학적으로 필요한 것은 세계가 개방 체계와 폐쇄 체계로 분화되어 있다는 것, 그리고 한편으로는 발생 기제와 구조 들로 층화되어 있고, 다른 한편으로는 사건이 실재적 영역과 현상적 영역들로 층화되어 있다는 것입니다.

이러한 심층 존재론은 변증법적 비판 실재론과 메타실재의 철학이 성취한 것입니다.

이제 우리가 함께 탐구할 존재론의 일곱 가지 수준을 나열해 보겠습니다.

● 첫 번째 수준 1M은 그 자체로서의 존재와 비동일성으로서의 존재를 생각하거나 이해하는 수준이다.
● 두 번째 수준 2E는 과정으로서의 존재, 부정성, 변화 및 부재를 수반하는 것으로서의 존재를 탐구한다.

2 　비동일성은 같지 않음(불일치)으로 생각하라. 따라서 존재론은 인식론과 같지 않고, 실재는 현상과 같지 않다. [편집자]

- 세 번째 수준 3L은 내적으로 관계되어 있고 전체적으로 함께하는 것으로서의 존재를 탐구한다.
- 네 번째 수준 4D는 변형적 실천을 통합하는 것으로서의 존재를 이해한다.

이것은 변증법적 비판 실재론의 네 가지 수준입니다.

다음 강연에서는 메타실재의 철학 수준에서 세 가지를 더 논의할 것입니다.

- 다섯 번째 수준 5A는 성찰적이고 보통 내적인 것으로서의 존재를 이해한다.
- 여섯 번째 수준 6R은 재마법화된 존재로서의 존재를 이해한다.
- 일곱 번째 수준 7Z는 차이를 넘어 동일성을, 분열을 넘어 통일성을 우위로 하여 통합하는 것으로서의 존재, 특히 비이원성으로서의 존재를 이해한다.

이 강연에서 저는 변증법적 비판 실재론의 네 가지 수준에 대해 중점적으로 다룰 것입니다. 기본적 비판 실재론에서는 첫 번째 수준인 1M, 그리고 네 번째 수준인 4D에 대해 약간 언급했습니다.

과학철학에서는 구조와 차이(1M)에 대해 이야기했고, 비판 실재론적 사회과학의 철학에서는 변형적 행위주체와 구조의 사회적 개념들(4D)에 대해 이야기했기 때문에, 우리는 이미 거기에서 변증법적 비판 실재론의 몇 가지 구성 요소를 얻어 냈습니다.

하지만 제가 생각하기에 변증법적 비판 실재론은 1993년에 출간된 저의 책《변증법: 자유의 맥박》[3]과 함께 시작되었고, 그로부터 1년 후에 나온《플라톤 외》[4]는 네 가지 수준 모두를 체계적으로 심화시킨 것입니다. 이 강연에서 제가 하고 싶은 것은 그 네 가지 수준의 주요 특징을 살펴보는 것입니다.

그래서 저는 여러분을 위해 네 가지 수준을 이제 막 반복해 다룰 것입니다.

1M: 그 자체로서의 존재와 비동일성으로서의 존재를 이해하라

2E: 과정으로서의 변화와 부정성을 통합하는 것으로서의 존재를 수반하라

3L: 전체로서 내적 관계로서의 존재를 탐구하라

4D: 변형적 실천을 통합하는 것으로서의 존재를 강조하라

표 3. MELD

---

3 《변증법: 자유의 맥박Dialectic: The Pulse of Freedom》(2008b), Routledge.

4 《플라톤 외Plato Etc》(2010), Routledge.

MELD[5]

1M—첫 번째 순간— 비동일성[6]

1M부터 시작하겠습니다. 기본적 비판 실재론에서 알려진 거의 모든 발전은 비동일성에 대한 관계를 수반합니다. 이것이 1M의 주요 특징인 이유입니다. 우리는 타동적 차원과 자동적 차원이 구분된다고 말합니다. 이처럼 존재론은 인식론과 같지 않고, 인식론으로 환원될 수도 없습니다. 실재의 영역, 즉 인과적 규칙, 장, 구조 들에 대해 이야기하는 것 역시 환원될 수 없으며, 사건들의 패턴과도 같을 리 없습니다. 사건들의 패턴은 우리의 경험과도 같지 않으므로, 실재, 현상, 경험의 영역 간에는 차이가 있습니다.

변증법적 비판 실재론의 집합체corpus에서, 우리는 한참 더 나아갑니다. 존재론에 대한 두 가지 매우 일반적인 관점에 주목할

---

5   바스카는 자기 생각의 흐름을 묘사하면서, 변증법에서 이 네 가지 요소가 '첫 번째 순간'(비동일성), '두 번째 모서리'(부정), '세 번째 수준'(총체성) 그리고 '네 번째 차원'(윤리적 행위주체)을 수반하는 것으로 언급한다. 그런 다음 이 요소들을 1M, 2E, 3L 그리고 4D로 줄여서 'MELD'라는 약칭의 도식을 만들었다.(Norrie A, 2010: 32)

6   1M=제1의(첫 번째) 순간. 비동일성의 관계에 의해 성격화되며 인식론적 오류와 인간중심적 오류, 동일성 이론과 현상주의에 대한 비판을 수반하는 것이다. 타자성alterity 개념에 의해 통합되어, 존재에 관한 자동성, 지시적 분리, 실재의 원칙 그리고 그것을 필요로 하는 존재론을 강조한다. 더욱 구체적으로, 그것은 초월적으로 필연적인 세계의 층화와 분화에 매여 있으며, 인과적 힘과 발생 기제, 진정한 진리와 초월적 사실, 자연적 필연성 그리고 자연적 종류 등의 개념을 의미한다.(Bhaskar, 2008b: 392)

그림 6. 영역들

필요가 있습니다. 첫째, 존재론은 모든 것을 품어 안는 것으로 명시적으로 주제화되어 있기 때문에, 존재론은 지식과 인식론을 포괄하지만 오류와 오해도 포괄합니다. 오해에는 인과적 효과가 있을 수 있습니다. 일반적으로 우리는 인과적 효과나 인과적 힘이 있는 것은 무엇이든 실재라고 부릅니다. 따라서 존재론은, 예를 들어 수학적 실수도 포괄할 것입니다. 존재론은 이 모든 것을 품어 안습니다.[7]

게다가 존재론은 거침이 없어서, 여러분이 만약 지식에 대한 이야기를 하거나 언어에 대한 이야기를 한다면, 여러분은 암묵적으로 지식 내에서 알려진 세계 또는 언어 내에서 말해진 세계에 대해 이야기하지 않고서는 존재론에 대해 할 수 있는 게 아무것도 없습니다. 따라서 여러분은 존재론을 다루지 않을 도리가 없습니다.

---

7 당신이 만약 누군가에게 무언가something에 대해 이야기해 달라고 한다면, 거기에는 말해진 것으로서 어떤 '것'some-THING이 있는 것이고, 비록 그 사람이 어떤 것에 대해 자신의 느낌만을 말한다 해도, 여전히 어떤 것은 거기에 있는 것이다. 어떤 것은 여전히 효과를 지닌다. [편집자]

다음으로 우리는 실재론적 분석이 필요한 특정 대상, 주제를 정하여 성향적dispositional 실재론을 확보합니다. 이것은 가능성이 그저 현상적이기만 한 게 아니라 실재적이기도 하다는 생각입니다. 현실에서 무언가 사건이 일어났다면, 가능성은 현상적인 것이든 실재적인 것이든 간에 반드시 실재가 되는 것이며, 일반적으로 그러한 가능성은 다른 것들의 가능성과 함께 놓여 있습니다.

다른 세계 또는 더 나은 세계가 가능하다는 생각, 또는 우리가 의식적으로 그것을 향해 나아갈 수 있다는 생각은 모두 성향적 실재론에 의해 자리잡은 것들입니다. 이것은 제가 '구체적 유토피아'라고 부르는 것 안에서 매우 중요해질 것입니다.

다음으로 실재론의 또 다른 형태(이러한 실재론들은 모두 필연성 또는 초월적 실재론의 변증법적 발전에 의해 함축되어 있습니다)는 범주적 실재론입니다. 이것은 인과관계, 법칙과 같이 철학자, 칸트와 포퍼는 아니지만 예를 들어서요, 철학자들이 이야기하기를 좋아하는 범주, 대상에 대한 생각입니다. 그것들은 그 자체로 실재적입니다. 우리가 세계에 주관적으로 부과하는 것, 그것은 그 자체로 실재입니다. 따라서 세계는 다양하게 많은 인과적 법칙뿐만 아니라 인과관계, 법칙, 기타 등등을 역시 포함합니다.

기호 삼각형[8]

실재론의 매우 중요한 확장은 의미론에서 나오며, 여기에서 결정적인 개념은 기호 삼각형입니다. 기호 삼각형이란 기표 signifier, 즉 단어 또는 상징과 기의signified, 즉 의미 또는 개념, 그리고 세 번째는 지시물, 즉 기표가 지시하는 대상에 의해 구성된 세 꼭짓점을 이루는 삼각형입니다. 보통 소쉬르주의[9]와 후기 소쉬르주의 기호학의 언어 의미 분석에서는 지시물이 생략되므로 우리는 단지 기표와 기의 간의 관계를 가질 뿐입니다. 사실 그것은 데리다[10] 같은 사람이나 분석할 수 있는 매우 복잡한 종류의 관계일 수 있지만, 거기에는 지시물이 없습니다.

---

8   비판적 실재론은 (1) 지시적 분리, 즉 존재론의 재옹호에 상응하는 주장에 대한 바스카주의적 견해와 바스카의 (2) 기호 삼각형으로 (의사소통적) 상호주의-도구주의 문제에 해결책을 제공한다. (1)과 (2) 둘 다 (의사소통적) 상호주의-도구주의의 이분법을 해결하는 데 도움을 준다. 왜냐하면 이 둘 다 실재를 이원론으로 붕괴시키지 않으면서도 관계의 세 부분으로 이해할 수 있도록 허용하기 때문이다. 넓은 의미에서 언어를 포괄하는 의사소통의 영역 또는 기호 삼각형에서 기표로 표시되는 부분, 즉 인식론의 영역과 지식의 대상과 방법 또는 기호 삼각형에서 기의로 표시되는 부분, 즉 존재론의 영역은, 외적이고 실재적인 과학의 대상들로서 지시물, 즉 이와 같은 대상들은 다른 두 영역으로부터 분리된다. 예를 들어, 만약 언어가 의사소통-활동의 고리로부터 분리된다면, 문제가 발생할 수 있는데, 그러한 경우, 우리는 포스트 모더니즘의 관점에 빠지게 되며, 실재에 대한 견해는 마치 언어가 '언어의 감옥'에서 개인을 노예로 만드는 것처럼 보이는 개념들에 의해 고갈되어 버린다. 비판 실재론적 기호 삼각형에 이어 거론되는 것은 세계에서 무언가, 즉 어떤 지시물에 대하여 토론을 열 가능성이 높아진다는 것이다. […](Nunez I, 2014: 53)

9   페르디낭 드 소쉬르Ferdinand Mongin de Saussure(1857-1913)

10 자크 데리다Jacques Derrida(1930-2004)

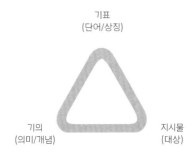

기표
(단어/상징)

기의
(의미/개념)

지시물
(대상)

그림 7. 기호 삼각형

지시물이 없다면, 우리를 세계 곳곳으로 일관되게 인도해 주는 언어의 전체적 요점을 잃어버리게 됩니다. 다만 저는 영국과 미국의 전통적 언어학이 종종 기표와 대상 간의 단일 관계를 가정하여 기의, 개념, 의미를 잃어버리게 하는 또 다른 실수를 저질렀다는 점을 덧붙이고자 합니다.

우리는 그 언어의 사용과는 무관하게 독립적으로 존재하는 대부분의 세계에 언어를 분명하게 위치지을 필요가 있습니다. 따라서 그것은 맥락 또는 기호 삼각형 안에 위치하며, 우리가 그것을 묘사하기 위해 사용하는 언어로부터 사물들이 지시적으로 분리된 세계에 위치하도록 합니다. 지시적 분리, 이것은 실로 중요한 개념입니다.[11]

---

11 지시적 분리는 앎(지식)과 있음(존재) 사이의 관계와 연관된 개념으로 탄생했다. 초기의 생각은 간단히 말해, 앎이라는 행위는 알게 된 것으로부터 알게 된 사람, 즉 지시물로부터 지시자를 분리하는 존재론적 개입을 수반한다는 것이다.(Norrie A, 2010: 140)

진리의 사차성Tetrapolity[12]과 해방의 담론[13]

다음으로 진정한 실재론, 즉 진리에 관한 실재론이 있습니다. 변증법적 비판 실재론은 철학자들이 진리에 대해 너무나 단순한 개념을 가지고 있었다고 주장하며, 실제로는 진리 개념이 네 가지 뚜렷이 구분되는 구성 요소들로 이루어져 있다고 주장합니다.

첫 번째 요소는 **신탁의 요소(규범적-신탁적)**라고 부를 수 있습니다. 이것은 여러분이 "이건 진리야"라고 말할 때와 관련된 진리의 의미, 즉 "나를 믿으라, 내 말대로 해 달라"는 뜻입니다. 이것은 사회적 유대로서의 진리입니다.

두 번째로 더욱 단언할 만한 증거에 입각한 **(적절한) 진리**라는 의미가 있습니다. 이것은 과학적 맥락에서 단언할 만한 충분한 증거가 있을 때 어떤 것이 진리라고 말하는 의미입니다. 그리고 물론

12　[…] 여기에서 우리가 주목해야 할 점은 (도덕적) 세계에 대한 진리 논의에 네 가지 다른 요소가 있다는 것이다. 첫째, '규범적-신탁적', 즉 '날 믿으라-그대로 행하라'는 의미로, 의사소통적이라는 뜻이다. 둘째, '적절한adequating', 즉 세계에 대해 합리적으로 말할 수 있다는 것, 즉 '정당하게 옹호할 수 있다'라는 인식론적 의미를 제공한다는 뜻이다. 셋째, '지시적-표현적', 즉 타동적 차원에서 인식론적으로 주장되는 것을 지식의 자동적 차원으로 연결한다는 뜻이다. 넷째, 진정한 것으로, '진실한 존재론으로서, 그리고 이런 의미에서 자동적 차원의 대상으로서, 명제가 아닌, 사물과 현상에 대한 진리 또는 이성'에 접근하는 것이다.(Bhaskar, 2008b: 217). 이 네 요소가 바스카가 말하는 '진리의 사차성'이다.(Norrie A, 2010: 128)

13　해방의 담론은 인간의 모든 열망에서 매우 흔한 것이다. 서구의 자유주의를 생각해 보라. 루소를 보자. 루소는 인간이 자유롭게 태어났지만 어디에서든 사슬에 묶여 있다며 곧장 이렇게 말한다. "인간의 본질적 천성은 자유로운 것이다. 그러나 자라면서 사슬에 묶이게 될 때 어떤 일이 벌어진다. 그것이 바로 사회다."(Bhaskar, 2012c: 135)

· 규범적-신탁적	나를 믿으라-그대로 행하라
· 적절한	세계에 대해 합리적으로 말하는 것
· 지시적-표현적	타동적 차원에서 인식론적으로 주장되는 것을 지식의 자동적 차원으로 연결하는 것
· 진정한	진실한 존재론으로서, 명제가 아닌, 사물과 현상에 대한 진리 또는 이성

표 4. 진리의 사차성

그것은 대부분의 철학자들이 집중해 온 복잡한 진리입니다.

세 번째로, 제가 **'지시적-표현적'**이라고 부르는, 매우 흥미로운 의미를 지닌 진리 개념이 있습니다. 이것은 '풀은 초록이다'[14]로 완벽하게 표현되는(풀의 초록색) 의미로써, 우리는 존재론적/인식론적 차이를 아울러서 '풀은 초록이다'를 이해할 수 있습니다.

네 번째 **(진정한) 진리**[15]의 의미는 참으로 충분히 존재론적인 진리의 의미입니다. 가령 저는 "분자 구성의 측면에서 물은 100℃에서 끓는다" 같은 사실로서의 진리를 말하고 싶습니다. 다시 말해, 여기에서 저는 실재의 한 수준에서 진리는 실재의 더 높은 단계를 만들어 내는 구조이며, 존재론적 층화와 진정한 진

---

14 영어에서 'grass is green'은 매우 자명한 답변을 말하는 것으로, 우리말로 '산은 산이요, 물은 물이다'와 비슷한 뜻이다. [옮긴이]

15 최적의 근거가 되는 이유로서 진정한 진리는 자기 해방, 즉 우리의 인과적 힘이 번영하도록 자유에 관한 제약을 없앰으로써 변형적 부정의 행위주체에 대하여 합리적 원인이 될 수 있다. 존재한다는 것은 되어 갈 수 있는 것이 되는 것이며, 그것은 본성 속에서 보편적으로 구체화된 인간의 자율성의 원칙에 기초하는 사회에서만 충분히 실현될 수 있는 능력인 자아 성장 능력을 갖추는 것이다. 이 과정은 변증법적이다. 그리고 그것이 바로 자유의 맥박이다.(Bhaskar, 2008b: 385)

리가 나란히 놓여 있다고 말하는 것입니다.

　변증법적 비판 실재론에서 실재론적 해석이 주어지는 또 다른 중요한 개념은 TINA 형태[16]입니다. TINA 형태는 이론상 허위가 실제로 진리와 결합될 때 발생합니다. 여기에서 제가 생각하고 있는 종류의 것은, 예를 들어 화학자와 물리학자 들이 개방 체계와 폐쇄 체계 간의 차이를 실제 관찰하는 방식을 통해 묘사할 수 있습니다. 그런데 그들은 개방 체계적 세계를 실험을 통해 발생한 결과의 정량화로 여기지 않습니다. 동시에 그들은 세계가 어떻게 폐쇄 체계나 또 다른 체계에서 확실히 독립적이고 초월적으로 진행되고 있는지에 대한 진술에 면밀한 실험 작업의 결과를 사용할 수 있다고 느낍니다.

　여러분이 실제로 그 차이를 관찰하지 못한다면 여러분은 화학자가 될 수 없고 물리학자도 될 수 없을 것입니다. 그러면서도 물론 여러분은 경험적 실재론자가 택하는 경험주의 이론과도 매우 불편하게 지내겠지요. 그래서 올바른 일을 성공적으로 해내

16　바스카에게 TINA(대안은 없다: There is no alternative) 신드롬은 대단히 중요하다. 그의 일반적 견해는 플라톤 이후로 서양철학의 역사가 일련의 TINA 타협의 형태를 나타낸다는 것이고, 그가 철학에서 특정한 에피소드들을 TINA식 사고의 연습으로 볼 수 있다고 생각하기 때문이다. 그의 주장에 따라 먼저 일반적인 역사를 본다면, 서양철학 전반에 걸쳐 부족한 것은 존재론의 여러 특질(부재를 포함한)에 대한 적절한 이해와 세계에서 존재에 대한 자연적 필연성의 의미이다. 충분히 실재론적인 존재론 대신, 존재에 대한 지식의 역할을 강조하고(인식론적 오류) 이에 상응하는 평평하고 현상주의적이며 일가적一價的, monovalent 존재론이 확립된다. 현상주의적이고(깊이 없음), 일가적인(부재 없음) 존재론과 함께 인식론적 오류를 갖고 있는 인식론의 공존은 플라톤과 아리스토텔레스에서 데카르트와 흄을 지나 칸트와 헤겔을 거쳐 현재에 이르기까지 지식과 존재에 대한 철학적 이해의 한계를 드러낸다.(Norrie A, 2010: 107)

면서도 그것이 왜 올바른 일인지를 생각할 수 없는, 불편한 타협의 형태로 살아갈 것입니다. 따라서 여러분은 이론과 실천의 불일치를 갖게 되며, TINA 형태는 우리 삶에서 착각과 이념적 오류를 재생산하는 전형적 기제입니다.[17]

마지막으로 여기 우리의 1M에서 명확히 드러낼 수 있는 기본적 논리를 짚어 보고 싶습니다. 이것은 해방 담론의 논리입니다. 어떤 이론이 자유의 가능성을 설명할 때 대체로 하게 될 일은 인간의 기본적 수준을 상정하는 것입니다. 물론, 그것으로부터 발현하게 될, 제약 요인으로 작용하는 또 다른 수준도 존재하게 됩니다. 그러므로 여러분은 마르크스주의 이론에서 말하는 계급 관계의 존재에 의한 노동 능력의 제약을 가질 수 있습니다. 여기서 주장하는 것은 특정 시점에 노동 능력이, 기본적인 인간의 생산 능력을 깔아뭉개고 족쇄를 채우는 그 발현된 수준을 벗어던지

17　예를 하나 들자면, TINA가 주장하는 것은 학교 교육을 의무화해야 한다는 것이다. 영국의 경우, 18세까지 학교 출석의 의무화, 경찰의 '무단결석 근절', 자녀가 학교를 결석하면 부모에게 부과하는 벌금과 구금, 그리고 수많은 어린이가 학습을 강제당하고 처벌받아야 한다는 TINA식 억측을 깊이 고수하는 정책들을 지원한다. 이로 인해 소외된 학생들은 '그 자신 또는 자신의 본질적이고 온전한 본성 또는 정체성으로부터 분리되고 분열되며 찢어지고 떼내어지거나… 자신의 자율성을 일부 잃어버리는 식으로 소외되어 가는 것'을 느낄 수 있다.(Bhaskar, 2008b: 114) '불쾌감의 변증법'(Bhaskar, 2008b: 287) 속에서, 모든 사회적 존재의 4평면에 따른 자신의 앎과 삶 속에서 말이다. 대안은 어린아이들의 배움에 대한 열망의 자연적 필연성과 교육에서 분열과 소외를 없애기 위해 학교가 어떻게 공정과 반-소외의 변증법으로 이것을 더욱 충분히 육성할 수 있는가를 다시 고려하는 것이다. 예를 들어, 존 홀트(1964)와 다른 많은 이들이 매우 상세히 탐구한 것처럼 말이다.(Alderson P, 2013: 114)

고 자유로워질 수 있다는 것입니다.[18] 매우 익숙한 패턴이죠. 거기에는 생산적이고, 인간의 행복에 기여하는 인간의 수준, 활동의 수준이 있습니다. 그것에 족쇄를 채우는 또 다른 수준이 있으며, 이 다른 수준은 더 기본적인 수준에서 발현됩니다. 여기서 요구되는 것은 그것으로부터 벗어나기 위한 불화의 행위입니다.

여기에는 존재론적 불균형이 있습니다. 왜냐하면 해방 담론의 논리에 헌신했던 사람의 주장에 따르자면, 우리는 인간이 창조하지 않았거나 생산하지 않는 사회를 가질 수는 없지만 착취적 계급관계가 없는 사회를 가질 수는 있기 때문입니다. 이것은 1M 이하의 발전들 중 일부입니다.

---

18 마르크스와 루소에게는 어느 정도 '인간은 괜찮다'라는 수준의 관념이 있다. 마르크스의 경우 인간은 노동을 하고, 노동하는 것은 인간에게는 매우 중요하며, 노동을 함으로써 인간은 자기 존재를 향상시킨다. 물론 마르크스 모델에서는 생산력이 계급 구조에 의해 제약을 받고 있기 때문에, 이 생산력을 해방시키기 위해 해야 할 일은 계급 구조를 변형시키는 것, 즉 계급들을 없애는 것이다. 그래서 이와 관련된 것은 비발현, 즉 벗어나기이다. 이것은 우리가 일반적으로 삶에서 해야 할 중요한 일일 것이다. 우리는 어떤 단계에서는 담배를 피우기 시작할 수 있지만, 우리의 존재를 향상시키기 위해서는 담배를 끊어야만 한다.(Bhaskar in Scott D, 2015: 37)

2E—두 번째 모서리[19]—부재absence

　이제 2E입니다. 변증법적 비판 실재론 안에 정당하게 포함되어 있는 이것은 여러 수준들 중에서도 가장 중요한 수준이며, 새로운 또는 상당히 발전된 철학 체계를 필요로 합니다.

　이제 변화의 개념에 초점을 맞추어 봅시다. 무언가가 변화했다고 말할 때 여러분이 말하는 것은, 존재했던 무언가가 사라졌다거나 무언가가 생겨나게 되었다는 것입니다. 두 경우 모두 여러분은 부정성과 부재[20], 즉 있던 것이 사라지거나 없던 것이 새롭게 나타나는 것과 관련됩니다.

　이것은 평범한 일상에서 변화에 대해 우리가 갖는 이해입니다.

19　2E=두 번째 모서리. 부재의 범주에 의해 통일된, 1M-4D의 연결과 관계에 대한 전체 회로에서 나올 수 있는, 그것의 비판적으로 예리한 모서리는 존재론적 일가성monovalence에 대한 파르메니데스적 학설, 차이의 측면에서 부정과 변화에 대한 플라톤적 분석과 부정적인 것을 긍정적인 술어로 분석하는 칸트적 분석을 목표로 한다. 그것은 부정성, 모순 그리고 비판의 범주 전체에 걸쳐 있다.(Bhaskar, 2008b: 392)

20　변증법의 핵심은 부재에 대한 개념이다. 책 초반부에서 도입한 '부정'에 대한 논의에서, '부재' 또는 '부정성'의 이해에 바탕을 둔 '두 번째 모서리'(2E)를 규정하여 비판적 실재론을 발전시키는 발판이 되었다. 그런데 '부재'는 변증법적 비판 실재론에서 중심적 위치를 차지하는 용어이다. 변증법은 가장 완전하게 '부재의 부재 또는 해악의 부재에 대한 제약의 부재'를 수반하기 때문이다.(Bhaskar, 2008b: 396) 이 공식은 이따금 약간 긴장감이 들게 한다. 우리는 이런 식으로 부재에 대해 말하는 것에 익숙하지 않고, 보통 이런 종류의 언어로 변증법을 생각하지 않는다.(Norrie A, 2010: 23)

고대 그리스 시대의 파르메니데스[21]는 이것이 절대적으로 잘못
된 것이라고 선언했습니다. 그의 말에 따르면, 실제로는, 실재 세
계에서 여러분은 변화를 가질 수 없습니다. 물론 이건 놀라운 학
설입니다. 왜냐하면 변화가 나타나는 것이 분명해 보이기 때문
입니다. 이제 제가 '존재론적 변화를 금하는 존재론적 일가성'[22]
이라고 부르는 파르메니데스의 학설이 완전히 중요하다는 것이
드러났습니다. 인식론적 오류, 현상주의와 함께 존재론적 일가
성[23]은 서양철학의 세 가지 불경스러운 오류입니다.[24]

만일 파르메니데스가 그냥 그것을 덮어 두고 아무도 그것을

---

21 그러나 파르메니데스는 또한 순수하게 긍정적인 것의 생성, 순수하게 현상
   적인 것의 보완, 실재에 대한 개념 등 철학에 또 다른 유산을 남겼다. 나는
   이에 대해서 존재론적 일가성의 학설이라고 명명할 것이다. 이 연구에서
   나는 부정성을 재옹호하는 것을 목표로 한다. 실제로 우리가 마무리할 때
   가 되면 독자들이 긍정적인 것을 부정성의 바다, 그 표면 위의 작지만 중요
   한 파문으로 보았으면 한다.(Bhaskar, 2008b: 4)

22 존재하는 것은 언제나 존재해야 하고 변화하거나 존재하기를 멈출 수 없
   다는 관점. [편집자]

23 [...] 우리는 부정성의 개념에 대한 재옹호와 함께 존재론적 일가성에 대한
   매우 중요한 비판을 보게 된다.(Bhaskar, 2008b: 5) '실재의 매우 현상적
   개념을 보완하기 위해서 순수하게 긍정적인 것을 생성한다'는 생각은 서
   양철학의 방향을 결정했다.(Nunez I, 2014: xi) 덧붙여 다음을 참고하라.
   《서양철학의 존재론적 일가성》(Norrie A, 2010: 42)

24 불경스러운 삼위일체로 돌아가자. 문자 그대로, 존재론적 일가성은 타자
   성의 배제를 수반하기 때문에, 이것이 인식론적 오류의 형태를 취하든, 존
   재론적 오류의 형태를 취하든 원초적 일원론으로서, 존재와 사유의 동일
   성을 암시한다. 나는 나중에 실제로 파르메니데스를 따라, 플라톤 이전의
   역사적 우위를 주장할 것이다. 그러나 어떤 경우에도 우리에게는 순서가
   있다. 존재론적 일가성->인식론적 오류->원초적 압착(실재를 이해하는 개
   념들은 '존재론적 층화'와 같이 압착된다. [편집자])(Bhaskar, 2010: 45)

따라가지 않았다면, 그러한 생각은 전형적인 철학적 진술로 여겨
졌을 것입니다. 이 페르메니데스적 사상이 학설이 된 것은 플라톤
덕분입니다.

플라톤이 한 일은 차이의 측면에서 그리고 실질적인 과학의
방식에서 외관상의 변화를 분석한 것입니다. 이것은 무슨 일이
벌어져서 뭔가가 변화한 것처럼 보일 때, 진정으로 변화한 것이
아니라 단지 변화하지 않는 부분들이 재배치된 것이라는 생각에
의해 뒷받침되고 있습니다. 따라서 이 변화하지 않는 부분은 플
라톤식 형상[25]일 수도 있고 원자론의 원자[26]일 수도 있습니다.

차이의 선들에 따라 변화를 이해할 수 있다는 이러한 생각은
물론 "소피의 화요일 머리색과 오늘의 머리색은 차이가 있다"라
고 말하는 것과 "소피가 염색을 했다"라고 말하는 것의 차이를
부인합니다. 소피는 머리색을 변화시킨 것입니다. 아니, 그녀의
머리색은 변화되었습니다. 변화에 관한 논의에서 수반되는 것은
변화하지 않는, 변형을 견디는, 기저의 연속체, 실체에 대한 생각
인데요. 이것은 그저 실체가 아니라 공간적이고 시간적인 영역
일 수 있습니다. 따라서 다음 두 진술의 차이에 대해 말할 수 있
습니다. "이 카페에 사르트르가 있고 피에르가 없다"고 말하는
것과 "이 카페에서 사르트르가 피에르의 도착을 맞이했다"고 말
하는 것의 차이는 피에르의 도착과 함께 변화의 측면에서 정당

---

25 다음 책의 '형상Form' 항목을 참고하라. Proudfoot M, & Lacey AR(2009:
    142),《라우틀리지 철학 사전》, Routledge. (여기에서 플라톤이 말하는 형상은
    이데아를 뜻한다. [옮긴이])

26 다음 책의 '원자론' 항목을 참고하라. Proudfoot M, & Lacey AR(2009: 27),
    《라우틀리지 철학 사전》, Routledge.

하게 이해됩니다.[27]

따라서 변증법적 비판 실재론이 제시하는 변화에 대한 분석은 우리의 평범하면서도 복잡한 변화와 일치하며, 우리가 새로운 것들의 발현 또는 생산을 존재의 아주 중요한 특징으로 보는 세계관을 수반합니다.

이제, 변증법적 비판 실재론의 분석이 옳았다는 것을 어떻게 확신할 수 있을까요? 그렇죠, 그것을 확신하는 한 가지 방법은 존재론적 변화와 인식론적 변화에 대해 생각해 보는 것입니다.

여러분은 "맨체스터에 비가 내리기 시작했다"는 여러분의 말과 "잭은 맨체스터에 비가 내리고 있다는 걸 믿는다" 또는 "맨체스터에 비가 내리고 있다고 말하는 게 올바르다"는 제 말 사이에

27　내가 만일 "소피가 수요일에 염색을 했다"고 말한다면, "소피의 머리는 [화요일에] 회색이었는데, [목요일에는] 갈색이 되었어"라는 진술의 형식적인 차이로는 포착할 수 없는 실질적 변화의 과정을 가리키는 것이다.(Bhaskar, 2010: 8) 변화에 대해 말하는 것은 과거의 상태에 대한 부재 또는 확실한 부정에 대해 언급하는 것이다. 과거의 상태는 현재를 인과적으로 구성하고 있는 변화에 의해 부재하게 된다. 그리고 부재와 변화는 시간이 지나가는 것에 대한 우리의 이해의 본질에 해당한다. 변화에 관한 진술이 차이에 관한 진술과 구분되는 것은 세계가 작동하는 방식을 이해하는 우리의 능력에서 결정적이다. 왜냐하면 차이에 관한 진술은 변화의 상황에 대해 우리가 알고 싶은 모든 것이 아니라 그 일부만을 말해 줄 수 있기 때문이다. 변화는 차이를 수반하지만 차이로 환원할 수 없다. 예를 들어, 본문의 사르트르에 관한 예시로 돌아가면, 피에르가 카페에서 그의 의자에 없다는 것(부재)에 의해 구성된 변화는 주네Genet가 피에르의 자리에 앉은 것으로 구성된 차이에 주목한다고 해서 설명이 되지 않는다. 그것은 피에르가 사르트르와의 만남을 기다리지 않고 축구를 하러 갔다는, 인과적으로 유효한 추가 사실과 더 관련이 있을 것이다.(Norrie A, 2010: 162)

차이가 있다는 걸 알 수 있습니다.[28]

　어떤 경우에는 부재, 부정이 세계 그 자체에 있고, 다른 경우에는 그것이 세계에 대한 우리의 서술에 있습니다. 변증법적 비판 실재론의 경우 우리는 변화를 가질 수 있습니다. 그러나, 물론 인식론적 변화 역시 존재론적 변화가 아니라면 우리는 언어, 믿음 그리고 지식을 세계의 속성으로서 그 세계에서 갖지 못할 것입니다.[29]

　그러므로 변증법적 비판 실재론이 우리의 관심을 잡아끄는 것은 결정적 부재라는 개념입니다. 결정적 부재는 무nothingness와는 관련 없습니다. 그것은 인과적 효과를 가지고 있고, 우리가 실재를 이해하는 데 고려해야 할 필요가 있는, 강우의 부재라거나 어떤 일이 일어나지 않았다는 구체적 사례 같은 것들과 관련됩니다.

28　본문의 이 구절이 가장 이해하기 어렵다는 것을 알기 때문에 여기에 설명을 덧붙이는 게 도움이 될 것 같다. 변화가 부재 또는 부정을 의미한다는 것을 상기해 보라. 따라서 "맨체스터에 비가 내리고 있다"고 말하는 것은 비가 오고 있지 않을 가능성 또는 맨체스터에 강우가 부재함을 내포하는 것이기도 하다. 물론 그것은 세계에 관한 것이다. 세계에는 (존재론적으로) 비가 있다. "잭은 맨체스터에 비가 내리고 있다는 것을 믿는다"고 말하는 것이나 "맨체스터에 비가 오고 있다고 말하는 것이 올바르다"고 말하는 것은 "나는 맨체스터에 비가 내리고 있지 않다는 것을 안다" 또는 "잭은 맨체스터에 비가 내리고 있지 않다는 것을 믿는다"에 대한 부재 또는 부정, 부재의 부재를 내포하며, 둘 다 (인식론적으로) 세계에 관한 지식 또는 믿음에 대한 부정이거나 부재이다. [편집자]

29　부재는 존재를 위해서만 필요한 것이 아니다. 정확히 이해하자면, 변화는 부재를 전제로 한다. 즉, 새로운 속성들 또는 실체들이 생겨나고 이전에 존재하던 것으로부터 사라지는 것을 전제로 하는 것이다. 부재는 더 큰 일반성, 포괄성 그리고 일관성으로 옮겨 가는 것에서 부재(누락, 불완전)의 수정에 매달리는 듯이 보이는 변증법의 골치 아픈 문제에 실마리를 줄 뿐만 아니라, 의도적인 행동을 완전히 이해하는 데에도 필요하다.(Bhaskar in Bhaskar et al, 2010: 15)

마르크스,[30] 헤겔[31] 그리고 변증법

2E 개념에 대해 좀 더 말하고 싶은데요. 많은 사람이 매우 신비스럽게 생각하는, 다시 말하자면 변증법의 개념에 대한 것입니다. 저는 헤겔의 변증법에 관한 마르크스의 유명한 연구로 돌아가는 것으로 가장 잘 시작할 수 있다고 봅니다. 여러분은 마르크스가 엥겔스에게 '헤겔은 모든 지식의 비밀을 발견했다'고 썼던 것을 기억할 것입니다. 헤겔 변증법에 대한 마르크스의 해명에서 과학적 방법, 만약 마르크스에게 시간이 좀 더 있었다면 이러한 과학적 방법의 비밀이 무엇이었는지를 설명하는 문서를 몇 장 쓰는 것보다 더 멋진 일은 없었을 것입니다.[32]

글쎄요, 마르크스가 이 작업을 하지 않은 것은 매우 불행한 일이었습니다. 그 이후로 다른 많은 사람들이 변증법의 비밀이라고 생각한 무언가를 설명하려고 애썼습니다. 19세기의 한 신사는 《헤겔의 비밀》[33]이라는 책을 썼는데요, 3-400페이지가 넘어가면 이게 대체 무얼 설명하고 있는 건지 독자가 도무지 알 도리가 없을 정도라고 할 수 있습니다.

---

30 카를 마르크스Karl Marx(1818-1883)

31 게오르크 빌헬름 프리드리히 헤겔Georg Wilhelm Friedrich Hegel(1770-1831)

32 불행히도 마르크스는 자신의 다소 엉뚱한 소망, 즉 두세 장의 문서로 정리할 수 있는, 보통 인간의 지성에 접근할 수 있는 합리적 방법을 결코 완성하지 못했다. 그것은 헤겔이 발견했고 동시에 신비화했던 방법이다.(Bhaskar, 2008b: 87)

33 제임스 허치슨 스털링James Hutchison Stirling, 《헤겔의 비밀: 기원, 원칙, 형태, 질료에서 헤겔 철학의 체계가 되는 것》, 1865.

사실은 말이죠, 변증법은 복잡한 개념이고 여러 많은 종류의 변증법이 있다고 생각합니다. 변증법적 비판 실재론에서 저는 그것들을 분해하고 분리하여 재구성하고자 노력한 것입니다.

그런데 마르크스를 흥분시킨 한 가지 종류의 변증법이 있다는 것만큼은 아주 분명합니다. 저는 변증법적 비판 실재론이 이것에 대해 매우 단순하고 타당한 설명을 할 수 있다고 생각합니다. 과학 그리고 "정상 과학"이라는 측면에서 과학에 대한 쿤의 서술로 돌아가 봅시다. "정상 과학"에서 과학자는 훈련을 받고 있으며 시험을 거친 초보자neophyte입니다. 그 다음 단계는 개념들이 급진적으로 변형되는 "혁명 과학"입니다.[34]

저는 그것이 과학의 여러 단계에 대한 매우 단순한 변증법적 비판 실재론적 재구성이 되었어야 한다고 생각합니다. 어떤 이론이든, 서술된 결과에 관하여 인과적으로 관련된 모든 요소 또는 영향을 서술하려고 노력할 것입니다. 여러분에게는 매우 자주, 사실상 거의 항상 그런 경향이 있다고 말할 수 있습니다. 과학자들은 그렇게 하는 데 성공하지 못할 것입니다. 전체를 다 서

---

34 등고선 지도를 볼 때, 학생들은 종이 위의 선들을 보지만 지도 제작자는 지형에 대한 사실적 묘사를 본다. 거품 상자(방사선의 궤적 관측용 원자핵 실험 장치. [옮긴이]) 사진을 볼 때, 학생들은 혼란스럽고 단속적인 선들을 보지만 물리학자는 익숙한 소립자의 사건들에 관한 기록을 본다. 그런 시각의 전환이 있고 나서야 학생들은 과학자 세계의 거주자가 되어 과학자가 보는 것을 보고 과학자가 하는 것처럼 반응한다. 하지만 그 학생들이 들어서는 세계는 한편으로 환경의 본성에 의해, 다른 한편으로 과학의 본성에 의해, 완전히 고정되어 있지 않다. 오히려 그 세계는 환경과 그 학생들이 수행하도록 훈련받은 특정한 정상 과학의 전통에 따라 공동으로 결정된다. 그러므로 혁명의 시기에, 정상 과학의 전통이 바뀔 때, 환경에 대한 과학자의 인식은 다시 교육되어야 한다. 익숙한 상황들 속에서 과학자는 새로운 형상gestalt을 볼 수 있도록 배워야 한다.(Kuhn, 2012: 112)

술하고자 하는 시도가 이루어지고 있었지만, 인과적으로 관련된 어떤 것은 누락되었고 조만간 누락된 그것이 이론에 관하여 그 대가를 치르게 할 것입니다. 불완전성은 불일치와 모순을 발생시킬 것이며, 이는 이론가에게 무언가가 누락되었다는 신호로 나타날 것입니다.

물론 과학자들이 과학에서 아주 자주 누락해 온 것은 그들이 알지 못했던 무언가입니다. 따라서 혁명 이전 상황에서 이처럼 엄청난 모순의 상황이 낳는 것은 혁명적 상황입니다. 과학적 균형을 회복하기 위해서는 거기에 새로운 개념이 있어야 합니다.

실재론적 관점 또는 메타 관점에서 보면, 세계에 관해 새로운 무언가가 발견되었어야 하지만 여러분은 무엇이 누락되었는지를 발견해야 합니다. 뉴턴의 경우 그것은 물론 중력의 원인이었습니다.[35] 아인슈타인이 특수 상대성 이론을 공식화했을 때 그는 뉴턴이 누락시킨 것을 발견한 것이었습니다.[36]

발견 뒤에는 개념의 장에서 일관성이 회복될 수 있으므로, 거기에는 과학적 지식의 변증법을 서술하는 단순한 방법이 있습니다. 이론 안에서 부재나 불완전성은 모순과 다른 아포리아aporia[37]

---

35 아이작 뉴턴은 이렇게 말했다. "중력은 특정 법칙에 따라 지속적으로 작용하는 동인에 기인해야 한다. 그러나 이 동인이 물질적인지 비물질적인지에 대해서는 독자들의 숙고에 맡긴다."(Newton I, 1692/3),《벤틀리에게 보내는 편지》[편집자]

36 1915년, 알베르트 아인슈타인은 중력의 원인이 되는 동인을 상상했다. 그의 일반 상대성 이론에 따르면, 중력은 질량이 공간에 미치는 영향의 자연스러운 결과이다. [편집자]

37 철학적 골칫거리 또는 골치 아픈 상태. [편집자] (아포리아는 하나의 명제에 대해 증거와 반증이 동시에 존재하여 그 진실성을 확립하기 어려운 상태를 뜻한다. [옮긴이])

또는 문제들을 발생시키고 이끌어 내는데, 그것이 급증하기 때문에 누락된 것이 무엇인지를 발견하는 것이 필요합니다. 그것이 바로 과학적 돌파구 또는 과학적 혁명입니다. 이것은 과학에서 벌어지는 매우 단순하고 타당한 과정입니다.

사회에서는 좀 더 일반적인 무언가가 벌어진다고 말할 수 있지 않을까요? 글쎄요, 제1차 세계대전이 일어나기 수십 년 전인 19세기에 우리는 참정권 운동이라는 현상을 겪었습니다. 참정권 운동이라는 게 뭐였나요? 그것은 여성들이 투표를 할 수 없던 정치적 장의 거대한 불완전성과 부재에 관한 것이었습니다. 그 후 수십 년이 지나면서 서구 세계의 여성들은 적어도 참정권을 얻어 냈고, 그래서 무슨 일이 일어났냐면, 정치적 총체성이 좀 더 포괄적인 것으로 변형되었습니다. 부재는 바로잡히거나 개선되었습니다. 물론 이것으로 1920, 30년대 서구 세계의 많은 나라와 특히 유럽의 식민 세력들에게 문제가 있다는 게 드러났습니다. 그들은 식민지 민중, 즉 자신들의 민주적 권리를 부인당하고 자기 나라에 대한 자결권을 부인당한 이들의 지배자였습니다.

다시 말하지만, 우리는 이것이 어떻게 이 도전과 인과적 압박에 대한 대응을 필요하게 만들었는지 알 수 있습니다. 그것은 그 식민지 세력들의 정치적 체제를 건드리도록 이끌었고 이끌어졌습니다. 그리고 여러분이 탈식민화된 국가를 갖게 될 때까지, 물론 그 이후에도 그 주장은 더 진전될 수 있습니다.

여러분은 이러한 탈식민화가 실재적이라거나 또는 순전히 형식적이라고 주장할 수 있습니다. 그런 다음 여러분은 그 주장을 민주주의의 장으로 가져올 수 있습니다. 그래서 우리는 "괜찮

다, 우리는 표를 갖고 있다"고 말할 수 있습니다만, 우리의 정치
지도자들이 우리의 필요와 욕구, 최선의 이익에 대해 어떻게 반
응하나요? 그리고 우리가 가진 민주주의를 개선할 방법은 없을
까요? 그래서 그 주장은 계속됩니다.

주목해야 할 요점은 그러한 변증법적 과정에 분명한 기제가
있다는 것입니다. 사회적 상황이나 문제에 대한 우리의 대응 속
에서 분명히 학습하게 되는 기제는, 역엔트로피적 방식으로, 즉
질서를 높이는 방향으로 나아간다는 것입니다. 그러한 역엔트로
피negentropy는 헤겔에 의해 매우 잘 언급되었습니다.

우리는 이제 신비한 껍질 속 알맹이[38]라는 마르크스주의적
은유를 이해할 수 있습니다. 그리고 변증법의 합리적 알맹이, 또
는 최소한 변증법에 대한 그런 종류의 인식론적 방법이 이론적
또는 사회적 사상에서 더욱 크고, 더욱 포괄적이며, 더욱 이해하
기 쉬운 총체성을 구축함으로써 불완전성이나 부재를 치유하는
것이라고 말할 수 있습니다.

변증법에 대해 훨씬 더 많은 것을 이야기할 수 있겠지만, 저
는 여기에서 더 말하지 않겠습니다. 오직 여러분이 변증법적 비
판 실재론의 문서들 속에서 그것을 읽어 내도록 흥미를 돋우는
것으로 충분합니다.[39]

---

38 이것은 마르크스가 《자본론》 제2판 후기에 쓴 표현이다. "변증법이 헤겔
   의 수중에서 신비화되기는 했지만, 변증법의 일반적 운동 형태를 포괄적
   으로 또 알아볼 수 있게 서술한 최초의 사람은 헤겔이다. 헤겔에게는 변증
   법이 거꾸로 서 있다. 신비한 껍질 속에 들어 있는 합리적인 알맹이를 찾아
   내기 위해서는 그것을 바로 세워야 한다."(김수행 옮김, 《자본론 I 상》, 비
   봉출판사, 2012: 19) [옮긴이]

39 《변증법: 자유의 맥박》(2008b), Routledge. 《플라톤 외》(2010), Routledge.

또 다른 2E 개념이 있는데, 이것도 주목해야 할 매우 중요한 개념입니다. 2E에서 우리는 비판 실재론적 방식으로, 시공간과 시제를 이론화합니다. 특히 유용한 개념은 리듬인데요. 그것은 시공간의 인과적 과정입니다.[40] 이 개념에 의해 암시되는 것은 지리, 역사, 사회 이론의 삼중성triunity과 비환원성입니다. 과거와 미래의 개념 또한 더 깊은 읽을거리가 주어지는데, 여러분이 그저 방을 한번 둘러본다면 가구가 어디에서 왔는지, 그리고 여러분이 사는 집이나 건물이 대략 언제 지어졌는지에 주목하게 되는 것이 그것입니다.

그 다음으로 여러분이 이야기하고 있는 철학적 사유에 대해 생각한다면, 여러분은 현상주의나 존재론적 일가성 같이 잘못 전해 내려온 철학적 사유에 대하여 이야기하고 있는 것입니다. 대체적으로 우리가 과거의 현존 속에서 살아가고 있다고 말할 수 있겠습니다.

40　모든 것이 주로 그것의 과거와 지리 및 역사에 의해 구성된다는 점에서 긴장되어 있을 뿐만 아니라 수많은 중첩, 수렴 또는 모순된 리듬을 통해 존재한다. 바스카는 건축, 행사, 갈등, '전선, 자동차, 텔레비전, 인력거, 청소부 그리고 일회용 캔 따위가 한 장소에 합쳐지는' 대도시에서의 그러한 리듬을 서술한다. 공간, 시간, 원인, 구조 및 행위주체는 모두 과정 속의 생산, 생산 속의 과정으로서 상호작용한다.(Alderson P, 2013: 110)

3L—세 번째 수준[41]—총체성totality[42]

3L은 매우 중요합니다. 그것은 사물을 광범위하게 다루는 것도 아니고, 원자적으로 다루는 것도 아닌, 그리고 사물 그 자체만이 아니라 모두를 다 함께 탐구하는 수준입니다. 지금 말하는 것을 지난 강연에서 제가 한 말과 함께 받아들이셔야 합니다. 이 특정한 명제는 그 이전의 명제와 관련되기 때문에, 단독으로 받아들일 수 없고, 단독으로 이해할 수 없습니다. 여러분이 가족 내 관계에 대해 생각해 본다면, 우리가 내적 관계가 의미하는 바를

---

41 3L=세 번째 수준. 이 수준은 총체성의 범주로 통일되어, 사고의 실체화를 포함하여 존재론적 확장주의의 오류를 정확히 지적한다. 성찰, 발현, 집합체성constellationality, 전체론적 인과성, 내부적 관계성 그리고 내적 활동성intra-activity 등의 범주와 주제뿐만 아니라 탈총체화, 소외, 분열 그리고 갈라치기, 부적절한 융합과 분열 등을 아우른다. 그것의 변증법은 중심과 주변, 형식과 내용, 전경과 배경(인간의 지각 과정, 특히 시각에서 중요하고 의미를 갖는 전경으로서의 부분과 덜 중요한 배경으로서의 부분으로 분리하여 인지하는 현상. [옮긴이]), 발생적 분리와 탈소외, 통일성-다양성 속에서의 재총체화이다. 그것의 메타비판은 탈총체화에 대한 판별에 중점을 둔다. 총체성은 하나의 구조인 만큼 1M과 특별한 관련성이 있다.(Bhaskar, 2008b: 392)

42 마이클 바스카의 '변증법적 비판 실재론의 총체성에 대한 장소'(《비판적 실재론 저널》, 2013, v12: 202-209)는 원래 2012년 런던의 교육연구소에서 열렸던 로이 바스카의 비판적 실재론 독서 모임 대학원 세미나에서 발표되었다. 이 논문은 총체성의 개념을 탐구하고 있으며, 3L과 총체성에 대한 이해에 도움을 받고자 한다면 꼭 읽어 보기를 적극 권하고 싶다.

잘 알게 되었을 때,[43] 사회적 관계와 수많은 자연적 관계가 외적이라는 걸 알 수 있습니다. 차이, 그러니까 이 차 한잔이 여기 물병에 들어 있다고 해서 어떤 차이를 만들어 내지는 못합니다. 하지만, 제가 여기 앉아서 여러분과 이야기하는 것은 여러분의 관심과 현존에 내적으로 관련이 있습니다. 따라서 내적 관계라는 개념은 3L의 주요한 개념이며, 분명히 우리는 함께에서 전체로, 총체성으로 옮겨 갈 수 있습니다.[44] 사회적 세계에서 대부분의 총체성들은 부분적인 총체성이며, 그것들의 총체성이란 내적 관계들뿐만 아니라 외적 관계들에 의해서도 채워집니다.

---

43 예를 몇 개 드는 것이 이를 이해하는 데 도움이 될 것이다.《변증법: 자유의 맥박》은 한 권의 책이며, 책을 들여다보면, 그것은 도서관 선반 위 책들의 '내적으로 관계된 총체성', 즉 도서관에 있는 책들의 총체성의 일부를 이룬다. 나아가 책 그 자체는 그것의 제작에 사용된 책들의 총체성을 형성한다.《변증법: 자유의 맥박》에서 우리는 언어의 요소, 대화의 오고 감ebb and flow, 일상의 순차적 "습관", 세계 통화 체제의 체계적 독립성, 연극, 조각, 또는 자연 파괴에 관한 실험적 프로젝트 등 다양한 총체성에 대한 권위 있는 서술을 얻을 수 있다.(Bhaskar M, 2013: 204)

44 두 가지 기본적 질문으로부터 시작해 보자. 첫째, 도대체 우리가 왜 총체성의 관점에서 사고해야 하는가? 지금까지 살펴본 것에서 일반적인 답을 이끌어 낼 수 있다. 총체성이라는 생각은 자연 세계와 사회 세계의 본성상 불가피하다. 우리가 만일 시공간적 인과성을 인간 삶의 중심이라고 생각한다면, 인간은 존재의 구조화된 흐름을 만나게 되고, 과거와 현재 그리고 미래의 관계들에 대한 총체성과 관련되기 시작한다. 변증법을 회절回折(음파나 전파, 빛 등의 파동이 장애물 뒤쪽으로까지 돌아 그늘진 부분에까지 전달되는 현상. [옮긴이])이라고 생각한다면, 회절의 근거에 대해, 그리고 전체를 어떻게 이해해야 하는가에 대해 생각해 볼 필요가 있다. 이러한 일반적 사항들에 덧붙여, 바스카는 총체성의 의미가 왜 존재에서 중심적인지를 설명하기 위해 일상생활에서 몇 가지 예를 제시한다. 언어, 문장, 문서, 책 또는 심지어 낱말에 대해 생각한다는 것은 무언가를 개별 부분뿐만 아니라 전체로서 파악해야 하는 실체로 생각하는 것이다. […](Norrie A, 2010: 88)

전체론적 인과성의 개념은 굉장히 중요합니다. 우리는 모두, 모든 구성 요소가 상호작용하여 전체를 만들어 내고, 전체는 다시 구성 요소들에 영향을 준다는 식의 발상을 통해 직관적으로 그것을 알게 될 것입니다. 따라서 여러분은 부분들과 부분들, 부분들과 전체, 전체와 부분들 사이에서 일어나는 지속적인 상호작용의 복합체를 갖게 됩니다. 3L에서 정말 중요한 개념은 구체적[45] 보편성[46]이라는 개념입니다.

서양철학이 말하는 대부분의 보편성은 추상적 보편성입니다. 여기서의 발상은, 여러분이 무언가에 대해 의미 있으면서도 과학적으로 말할 수 있으려면 모든 경우에 대해서도 말할 수 있어야 한다는 것입니다. 그래서 우리가 과학적이고 의미 있는 수준에서 연필에 대해 말할 수 있으려면 모든 연필에 대해서도 말할 수 있어야 합니다. 자, 물론 실재 세계를 무너뜨리는 추상적 보편성을 저는 단 하나도 알지 못합니다. 여러분이 만약 보편적인 무언가를 가져온다면요, 사람이라고 해 볼까요. 여러분은 사람

---

45 어떤 것을 '구체적이다'라고 부르는 것은 무엇을 의미하는가? 이와 관련하여 우리는 두 가지를 따져볼 수 있다. 첫째, 그것은 동반 관계인 '추상적이다'와 대조를 이룰 때에만 진정으로 타당하다. 둘째, 그것 자체가 긍정적 의미를 갖는 한, 가장 가까운 동의어는 균형잡히고 적절하며 완전하다는 의미에서 '원만하다well-rounded'가 될 수 있다.(Bhaskar, 2008b: 128)

46 구체적 보편성은 층화, 시공간적 과정화processualisation, 총체성과 매개성 mediatedness(어떤 것이 제3자의 중재에 의해 다른 것과 관계를 맺는 일. 헤겔의 변증법에서는 모든 사물이 따로 독립하여 존재하는 것이 아니라 타자와의 관계 속에서 존재한다고 본다. [옮긴이])이 맥락에서, 그리고 부정성의 영향에 비추어서 보아야 한다. 이러한 모든 요소는 개인에게 세계에 존재하는 실재적 특이성의 보편적 의미를 부여하는데, 이러한 개별성의 과정에서 개인은 실재적 변화와 차이의 영향으로부터 분리될 수 없기 때문이다.(Norrie A, 2010: 114)

이 모두 매우 다르다는 것을 알게 될 것입니다. 각각의 사람은 우리가 매개들mediations이라고 부르는 것을 가질 것입니다. 그것은 성 또는 성별, 직업 등으로 명시됩니다. 부모든 자녀나 형제자매든, 롤링 스톤스의 팬이든 아니든 간에 그것은 사람의 매개들입니다.

다음으로 우리가 어떤 여성들에게 초점을 맞춘다고 가정하겠습니다. 두 여성이 있습니다. 그들은 서로 다른 시공의 행로를 가짐으로써 차이가 생길 것임에도 불구하고, 똑같은 매개들을 가지고 있습니다. 한 명은 서른다섯 살이 될 것이고 고아에서 태어났습니다. 다른 한 명은 일흔 살이 될 것이고 팀북투에서 태어났습니다.[47] 그것은 보편성의 특정한 사례에 대한 우리의 특별한 지리-역사적 궤적입니다.

이제 정확히 똑같은 매개들과 정확히 똑같은 지리-역사적 궤적을 가진 두 여성이 있다고 가정해 보겠습니다. 그럼에도 이 여성들은 환원할 수 없을 정도로 차이가 있을 것이고, 환원할 수 없는 독특성을 가질 것이며, 우리가 '구체적 특이성'이라고 부르는 것을 가질 것입니다.[48]

---

47 팀북투는 아프리카 말리 중부에 있는 도시이다. 앞의 고아Goa는 가오Gao의 오류일 것이다. 고아는 인도 남서 해안에 있는 옛 포르투갈 식민지이고, 가오는 말리 동부의 니제르 강가에 있는 도시이다. 말리의 팀북투와 가오에 사는 송가이족 여성들은 화려한 머리 장식을 하는 것으로 유명하다. 팀북투와 가오는 과거 송가이 제국의 수도였다. [옮긴이]

48 구체적 특이성으로서 구체적 보편성의 형태는 또한 우리가 인간에 대해 윤리적으로 어떻게 생각하는지와 관련해 중요한 의미를 갖는다. 개인으로서 구체적 특이성은 핵심이 되는 유적존재species-being(마르크스에게 '유적존재'란 자연적 존재이자 사회적 존재로서 인간의 보편적 존재 방식이다. 그것은 노동과 노동 생산물을 통해 확인되고 실현된다. [옮긴이]), [그리고] 특정한 매개들과 리듬들로 구성되며, 그녀 또는 그를 사실상 독자적으로 타고난 유일성으로 구분한다.(Norrie A, 2010: 117)

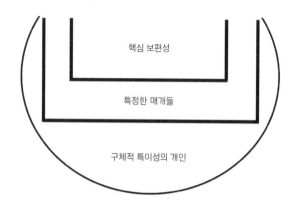

핵심 보편성

특정한 매개들

구체적 특이성의 개인

그림 8. 인간 행위주체의 구체적 특이성

구체적 보편성/구체적 특이성[49] 이론은 변증법적 비판 실재론이 실제 역사적, 지리-역사적 개인들을 판별하고 그들에 대해 이야기할 수 있게 하는 중요한 방법입니다.

마지막으로, 저는 여기에서 집합체라는 유용한 개념에 주목합니다.[50] 앞서 말했듯이 우리의 지식 역시 존재의 일부분이라고 생

---

49 더욱이, 구체적 보편성-특이성이라는 생각은 각 개인의 시공간적 피투성 thrownness(내던져져 있음. 우리의 결정과 상관없이 우리는 세계에 이미 내던져져 있다. [옮긴이])을 강조할 뿐만 아니라, 구체적 특이성을 가진 존재로서 각 개인의 유일성에 대한 윤리적 이해의 기초를 제공한다.(Norrie A, 2010: 219)

50 집합체성constellationality(성좌적 관계성. [옮긴이])의 특성은 3L의 핵심 부분인 총체성이다. 집합체성에 대해 말할 때 명심해야 할 두 가지 중요한 개념이 있다. (1) 매개, 즉 연결의 수단 또는 매체, (2) 앨런 노리가 '본질적 차이differentia'라고 부르는 분리, 또는 다른 방식으로 말해서, 구별되지만 중첩되는 실재의 차이가 그것이다. 예를 들어, 집합체성은 포함 관계라는 측면에서 전통적인 대립의 문제를 분명히 표현하는 데 사용된다. 그러한 포함 관계는 한 용어가 다른 용어의 하위 집합으로서 포함되며 두 용어가 하나의 집합체 단위를 구성한다는 것을 의미한다.(Nunez I, 2014: 28)

각할 수 있기 때문에, 인식론과 지식을 존재에 의해 억제되거나 과도해지는 존재로서 생각할 수 있으며, 동시에 지식은 항상 특별한 자동적 대상을 갖게 될 것입니다. 존재의 특별한 부분은 무언가에 관한 지식이 될 것입니다. 이와 같이, 이런 종류의 집합체적으로 과도해지거나 억제되는 모습을 통해 우리는 존재론 또는 모든 것을 품어 안는, 즉 인식론과 지식과 의미를 포괄하는 존재의 의미, 그리고 특별한 자동적 대상을 갖는 지식과 인식론의 의미를 공정하게 다룰 수 있습니다.

4D—네 번째 차원—변형적 실천[51]

아주 간단히, 다음으로 4D입니다. 변증법적 비판 실재론은
행위주체의 비환원성을 인식하면서 시작되었습니다. 그것에 대
해 생각할 때, 여러분이 의도적으로 뭔가를 하지 못할 방법은 없
습니다. 의도성은 비환원적입니다. 그 다음으로 생각해 보면, 자
연스러움spontaneity 또는 생각을 행동으로 즉시 표출하는 일 역시
비환원적입니다. 어떤 시점에서 생각은 행동이 되며, 거기에는
분명히 자연스러움의 요소가 있어야 합니다. 다음 시간에 대해
생각해 보면, 우리가 메타실재의 철학에 대해 논의할 때, 행위주
체를 위해 비이원성은 항상 가능해야 합니다.

지난 시간에 우리는 구조와 행위주체의 관계를 구체적으로
명시하는 변형적 사회 활동 모델 개념이 어떻게 사회적 존재의
4평면 개념으로 확장될 필요가 있는지를 살펴보았습니다. 사회
적 존재의 4평면은 사회에서 일어나는 모든 것, 즉 사회적 세계
에서 일어나는 모든 것이 자연의 물적 거래 수준, 사람들 사이의

---

51 이제 우리는 '4D: 변형적 실천'을 자유의 변증법을 도입하는 국면으로 생각
할 수 있다. 즉, 이것은 욕망되고자 하는 욕망 그리고 인정받고자 하는 욕망
을 수반하며, 변증법적 보편화라는 논리를 통해 다시, 이것이 권리와 자유
를 향유할 수 있는 능력을 수반하는 한, [그것은] 소외받지 않을 권리와 건
강, 교육, 자원 및 자유에의 접근에 대한 향유를 포함한, 평등하고 보편적이
며 호혜적으로 인정된 권리와 자유에 대한 진정한 향유를 수반한다. 그러
므로 우리는 '4D: 변형적 실천'이란 해방이 자기 권위self-authority에 기초
해야 함을 의미한다는 것이며, 그런 까닭에 우리에게는 혁명적 노동계급의
깃발 아래 노동자 집단을 해방시킬 수는 없을지언정 자기 해방을 하는 게
필요하다는 것을 안다. 사람들은 스스로 자기 혁명이어야 한다. 즉, 각 개인
은 해방적 행위주체로서의 조건들을 만들어야 한다.(Nunez I, 2014: 63)

사회적 상호작용 수준, 사회구조의 수준, 체화된 인격의 층화 수준 등 네 가지 수준에서 동시에 발생한다는 개념입니다.

이제 좌파가 특히 직면해야 할 문제 중 하나는 사회 변화를 지향하는 프로젝트가 일반적으로 사회구조의 변형에만 집중되어 왔던 반면에, 우리의 사회적 삶을 변화시키기 위해서는, 즉 사회를 변화시키기 위해서는, 네 가지 모든 수준에서 작업할 필요가 있다는 것입니다.

마찬가지로, 우파는 일반적으로 자아 성장, 즉 체화된 인격의 층화 수준의 계발에 그 스스로 또는 내적 기질에 의해 제한되어 왔다고 말할 수 있습니다.

물론, 진정한 사회 변화가 일어나려면 이러한 모든 면에서 조치가 필요합니다.

윤리학

비판적 실재론의 발전은 그 자체로 변증법적입니다. 그것이 하려고 하는 것은 비판 실재론적 주제 이전의 부재를 개선하고, 자체적으로 이전 설명의 불완전성 또는 부재 역시 개선하는 것입니다. 기본적 비판 실재론의 초기 단계부터 따라가 본다면, 비판적 실재론은 기존의 담론적 상황에서 존재론의 부재를 개선하는 데 많은 관심을 쏟았습니다. 우리는 자연주의를 위한 초월적 실재론의 존재론을 가졌습니다. 그런 다음 비판적 자연주의에 와서, 이것은 사회과학을 위한 존재론으로 발전하여, 거기에서의 불완전성을 개선해 왔습니다. 마찬가지로, 설명적 비판 수준에서는 윤리학 이론을 발전시켜 나갔습니다.

심각한 부재에 대해 변증법적 비판 실재론이 갖는 개선책은 부재의 부재[52] 또는 부정성, 변화 등입니다. 사실 이것은 해악을 없애려는 것과 관련해 그 제약의 부재를 없애려는 것으로서, 변

---

52 부재는 존재를 위해서만 필요한 것이 아니라, 변화를 위해서도 필요하다. 제대로 이해했다면, 변화는 부재를 전제하는 것이다. 즉, 새로운 속성이나 실체가 생겨나고 이전에 존재하던 것들이 사라지는 것을 전제로 하는 것이다. 부재는 변증법의 골치 아픈 문제에 실마리를 줄 뿐만 아니라 [그것은 더 큰 일반성, 포괄성, 일관성으로 옮겨 가는 것에서 부재(태만, 불완전성)의 개정rectification에 의존하는 것처럼 보일 수 있다], 의도적 행동을 완전히 이해하는 데에도 필수적이다. 행위주체를 위한다는 것은 부재를 없애는 것이고, 이것은 한정determination에 대해 원치도 않고 불필요한 원천과 제약 조건을 없애는 것에 따른 것으로 간주되는 자유의 가치론을 낳는다.(Bhaskar in Bhaskar et al, 2010: 15)

2 이원성 변증법적 비판 실재론   **117**

증법에 대한 일종의 회귀적 정의를 허용하는 것입니다.[53] 나아가
우리가 바라는 것처럼 해악 또는 재난을 없애려는, 인간의 진보
를 허용합니다. 그리고 이것은 지난 시간에 우리가 논의했던 설
명적 비판의 비-인지적 일반화[54]와 결부될 수 있습니다. 인지적
일반화 또는 그것의 인지 발달에서 우리가 무엇을 하고 싶었는
지, 무엇을 보여주고 싶었는지, 그것이 어떤 상황이나 이해 속에
서 허위를 가지는지 여러분이 설명할 수 있다면, 그리고 여러분

---

53 윤리학에서 진정한 진리는 '실재의 원칙에 의해 욕망의 교육에 부과된 방
    향성'으로, '최종 상태가 아니라 보편적인 인간의 자아실현, 적극적 행복
    eudaimonia(아리스토텔레스 철학에서 이성의 통제 아래 적극적으로 생활
    한 결과로 얻어지는 행복을 말한다. [옮긴이]) 또는 번영(본질적으로)의 객
    관적 과정'으로 이어질 것이다.(Bhaskar, 2008b: 176) 좀 더 넓게 보면, 인
    간을 위한 진리이자 선으로서의 자유를 추구하면서 해악을 없애고자 하
    는 생각과 그것을 연결하는 것이다. 간단히 말하면 이렇다. '도덕적 영역
    에서 진정한 진리와 선은 자유이다. 해악을 없애려는 것과 관련해 그 제
    약을 없애려는 것에 의존하는 자유이다.'(Bhaskar, 2008b: 212) 이것은 다
    시 인간에 내재된 변증법적 논리의 개념에서 '행위주체의 부재를 없애려
    는 것으로서, 또는 자유의 가치론으로서 변증법적 정의'(Bhaskar, 2008b:
    176)를 부여하려는 것과 '부재를 없애려는 것과 관련해 그 제약을 없애려
    는 것이 변증법의 진리alethia'(Bhaskar, 2008b: 177)라는 주장을 결부시킨
    다.(Norrie A, 2010: 126) [여기서 알레테이아는 고대 그리스에서 진리를
    의인화하여 사용했던 개념으로, 사물이 자신의 진실을 가지고 있음을 뜻
    한다. 바스카는 '실재의 원칙'에서 진정한alethic 진리와 자연적 필연성을 동
    일시한다. [옮긴이]]

54 [⋯] 주된 요점은 실제로 설명적 비판에서 그리고 인지적인 것에서 비인지
    적 해악으로 나아간다는 것이다. 이것들은 불만족을 포함한다. 이는 기본
    적인 신체적 필요뿐만 아니라 더 일반적으로는 한 사람이 자신의 다르마,
    즉 구체적으로 개별화된 자신의 잠재성을 달성하기 위해 필요한 것들에
    관한 불만족이다. 자기 사업, 또는 자유 시간, 인정, 존중 등의 수단에 대한
    결핍이며, 가장 중요한 것은 물론 자기 결정권의 침해를 포함하여, 억압을
    받아들이는 것이다.(Bhaskar in Bhaskar R & Hartwig M, 2010: 105)

이 더 나은 이론을 가졌다면, 그러한 인과적 이해의 원인에 대한 부정적 평가로 즉시 넘어갈 수 있다는 것을 우리는 보았습니다.

설명적 비판으로, 우리는 해악을 제거하는 것에 대해서 이야기할 수 있고, 복지 향상의 일환으로서의 사회적 프로젝트에 대해 생각해 볼 수 있습니다. 사실 변증법적 비판 실재론이 하는 일은 자유의 다양한 개념[55]을 살펴보고 이것이 어떻게 연대solidarity와 서로 연결되어 있는지를 보여주는 것입니다.

그래서 우리는 행위주체의 자유, 소극적이고 적극적인 자유라는 매우 단순한 개념에서 출발하여, 해방, 자율성, 복지와 번영이라는 더욱 복잡한 개념으로 옮겨 갑니다.

그리고 윤리적 변증법의 끝은 모든 이의 자유로운 번영에 대한 조건으로서, 각자의 자유로운 번영을 지향하는 사회입니다.

---

55 자유의 다양한 개념에 대한 자세한 설명은 다음을 참고하라. 《자유의 형태들》(Norrie A, 2010: 141-144) [편집자]

행위주체의 자유
새로운 것을 시작하는/행하는 힘

소극적이고 적극적인 자유
제약으로부터 자유로워지라/자유롭게 행하라

해방
(불필요한) 제약들로부터 보편적인 인간 해방

자율성
실제 관심사를 위해 행동할 수 있는 힘, 지식, 성향을 지녀라

복지
해악의 부재

번영
가능성들의 실현

적극적 행복
보편적인 인간 번영

표 5. 자유의 형태들

이것은 마르크스가 미래의 공산주의 사회에 대한 자신의 사상을 위해 사용한 공식[56]을 떠오르게 합니다. 우리는 이것을 더욱 일반적으로 인간의 복지 또는 번영을 지향하는 사회인 적극적 행복의 사회로 해석할 수 있습니다. 이제 이것은 우리가 메타실재의 철학으로 눈을 돌릴 때 보게 될 것처럼, 실로 아주 폭넓게, 체화된 인격의 층화 면에서 자아에 대해 분명하게 요구합니

---

56 마르크스에 의해 아주 멋지게 표현된 공산주의 사회의 비전인 '각자의 자유로운 발전은 모두의 자유로운 발전의 조건이다'는 논리적으로 당신의 발전과 번영이 나 자신에게도 중요함을 의미한다. 이는 너무나도 강력한 전제조건이므로 그것이 그 자체로 사회에서 모두에게 지속되려면 보편적으로 구체적인 예를 들어 설명되어야 한다. 이것은 정확히 깨달은 존재의 '무아no ego'가 인류 전체의 법신dharmakaya에 관여한다는, 다시 말해 우주의 모든 존재가 깨달음 속에서 완전히 자유로워질 때까지 스스로 자유로워질 수 없다는 대승불교의 보살 사상과 동일하다.(Bhaskar, 2012c: 174)

다. 왜냐하면 각자의 자유로운 발전이 곧 모든 이의 자유로운 발전의 조건인 것이 이 사회의 기반이라면, 그것은 여러분의 번영이 저 자신의 번영만큼이나 저에게 중요하다는 것을 의미하기 때문입니다. 따라서 그것은 우리 모두가 어느 정도는 지니고 있는 '몰상식한 에고'의 패배를 수반합니다.

변증법적 비판 실재론이 내세우는 목표인 행복주의 사회는 모든 주인/노예 유형이 갖는 억압 관계의 변형과 초월에 달려 있습니다. 여기에서는 힘의 두 가지 개념을 구분하는 것이 유용합니다.[57] 힘1은 변형적 능력, 힘2는 억압입니다. 우리가 분명히 해야 할 일은 억압하는 자들과 억압받는 자들 사이의 힘2 관계를 변형시키고 관계성 자체를 변형시키기 위해 억압받는 자들에게 더 많은 힘1을 갖도록 하는 것입니다.

그런 까닭에 여기에서 우리는 사회적 삶의 대단히 부담스러운 일련의 사회적 요구사항들과 우리 자신에 대해 역시 대단히 부담스러운 일련의 요구사항들을 함께 가지고 있습니다. 그리고 그 둘 사이에서 양립하기 어려워 보이는 무언가도 있습니다.

언급해야 할 또 다른 것이 있다면 아마도 변증법적 비판 실재론의 윤리적 변증법일 것입니다. 여기에서는 제가 변증법적 보편화 능력의 논리학[58]이라고 부르는 것이 큰 역할을 합니다. 이

---

57 힘1을, 행위주체의 개념을 분석하는 변형적 능력으로서, 지배, 착취, 정복 및 통제의 구조들로 표현되는 (초현상적 또는 현상적) 힘2의 관계와 구분한다고 가정해 보자. 이것을 나는 일반화된 주인-노예 (유형) 관계로서 주제화하겠다.(Bhaskar, 2008b: 60)

58 이 구절과 다음 구절을 좀 더 깊이 탐구하려는 사람에게 나는《욕망과 자유》(Norrie A, 2010: 138-139)를 읽어 보기를 권한다. [편집자]

논리학이 가정하는 두 종류의 윤리적 변증법을 살펴보면 그것의 요지를 알 수 있습니다. 첫 번째는 욕망 또는 행위주체의 변증법입니다. 이것은 욕망을 가진 행위주체로부터 생긴 것입니다. 그리고 이 욕망에는 그것에 대한 제약을 없애려는 메타 욕망이 포함됩니다. 변증법적 보편화 능력의 논리학은 그렇게 헌신적인 행위주체가 변증법적으로 유사한 모든 제약을 없애기 위해 논리적으로 헌신해야 한다고 주장합니다. 그래서 그 방향으로 나아가려면 다른 이들과의 연대가 필요합니다.

마찬가지로, 담론의 변증법에서 출발점은 연대 성명에 관한 표현의 진실성입니다. 이는 연대하는 사람과 상황에 대한 헌신, 행동을 함의합니다. 그것은 다시, 변증법적 보편화 능력의 논리학을 통해 생기는 것으로, 변증법적으로 유사한 모든 제약, 그리고 궁극적으로 인간의 자유와 번영 같은 것에 대한 모든 변증법적 제약의 변형을 목적으로 할 것입니다.

서양철학에 대한 메타비판

변증법적 비판 실재론은 서양철학의 역사를 매우 강력하게 비판합니다. 우리는 서양철학을 헤라클레이토스의 변화 이론과 파르메니데스의 지위 이론 사이의 대립에서 시작된 것으로 볼 수 있습니다. 사실 두 명의 헤라클레이토스가 있습니다. 플라톤, 그리고 삶의 이론가인 니체가 해석한 헤라클레이토스가 있고, 설명 가능한 변화를 이론화하는 방향으로 나아가는 최초의 초월적 실재론자[59]로서의 헤라클레이토스가 있습니다.

플라톤의 형상 이론 그리고 차이의 측면에서 분석한 변화 이론에 의해 표준화된 존재론적 일가성은 서양철학이 일자the one와

---

59 바스카의 설명에 따르면, 헤라클레이토스는 니체와 들뢰즈가 동의하는 것처럼 파괴적인subversive 철학자이지만, 그의 파괴성은 존재의 구조화와 분리된 발생의 실체화hypostatisation에 놓여 있지 않다. 헤라클레이토스의 급진주의는 오히려 발생 및 존재의 구조화라는 개념의 원초적 결합에 놓여 있다. 여기서 헤라클레이토스는 실재의 층화와 함께 실재하는 확실한 부재의 중요성에 대한 비판 실재론적 강조를 암시하는데, 이는 존재와 발생이 구조화된 관계 속에서 실존하는 방식이다. 바스카에게 적극적 격리를 위해 부재를 부인하는 것은 실재하는 부재와 변화를 생각할 수 있는 가능성뿐만 아니라 변화의 근거를 생각할 수 있는 가능성도 있으며, 이러한 것들은 근원적인 구조와 관계, 기제 등에 놓인다.(Norrie A, 2010: 212)

다자the many의 문제에 의해 지배되는 상황을 구축했습니다.[60]

이것은 보편적 문제 또는 귀납적 문제입니다. 잊혀진 것은 일자와 타자에 관한 오래된 문제인데, 그것은 변화의 문제이자 대립물 간의 본질적 연결의 문제입니다. 그러나 여러분이 이 일자와 다자의 문제를 현상주의의 맥락에 놓는 순간, 제가 초예측적 transdictive 복합체[61]라고 부르는 문제를 피할 방법이 없습니다. 가장 익숙한 것은 귀납의 문제입니다. 구조 개념이 결여된 전통에서는 어떤 일이 벌어집니까? 경험적 실재론 또는 일반적으로 인간중

60　[…] '일자와 타자the other'의 문제는 본질적으로 존재의 본성, 즉 우리가 현재 존재론이라고 부르는 것, 그리고 여러 가지 다른 것들이 물, 공기, 또는 다른 일반적 실체처럼 단일의 본성을 갖는지(또는 갖지 않는지)를 어떻게 이해할 수 있는가와 관련되기 때문에 소크라테스 이전 철학에서는 중심적인 것이었다. 대조적으로 '일자와 다자'의 문제는 플라톤과 신플라톤 철학의 문제이다. 그것은 보편적 범주의 도식 아래서 서로 다른 것들이 어떻게 함께 묶일 수 있는지에 관한 문제이기 때문이다. 곧 눈에 띌 텐데, 거기에는 두 문제를 서술하는 용어 사이에 어떤 유사성이 있지만 그 차이가 결정적인 것이다. 두 번째 문제로 나타나는 것은 우리가 어떻게 특수성 안에서 보편성을 아는가이고, 따라서 일자-타자에 대해 존재론적 성질('사물의 본성은 무엇인가?')과 비교할 때 본질적으로 인식론적 성질을 갖는다. 다른 말로 하자면, 첫 번째 문제는 변화의 본성과 관련이 있고, 두 번째 문제는 차이의 본성과 관련이 있다.(Norrie A, 2010: 170)

61　관찰된 상황으로부터 관찰되지 않은 것으로의 추론이다. 초예측에는 다음과 같은 형태가 있다. 귀납은 과거로부터 미래로의 추론, 변환transduction은 폐쇄 체계로부터 개방 체계로의 추론, 역행추론은 현실의 현상으로부터 구조적 원인으로의 추론, 소급예측은 사건으로부터 선행 원인으로의 추론이다. 소급예측은 복합체의 결정된 구성 요소로부터 선행 원인으로의 실제적인 설명의 전환이다. 원인을 소급예측하는 능력은 이론적 설명과 역행추론을 전제로 한다. 역행추론은 명백한 현상으로부터 그것의 발생 기제로의 이론적 설명의 전환이다. 변환은 폐쇄 체계에서 발견된 법칙을 개방 체계에 적용하는 것과 관련이 있다.(WSCR Glossary Louis Irwin, 1997)

심적 실재론anthroporealism[62]을 보완하기 위해, 새로운 초월성으로서, 초월적 실재론을 몰래 가지고 들어와야 합니다. 이것은 플라톤의 형상일 수도 있고, 아리스토텔레스 학파의 지성nous, 또는 흄주의의 관습, 데카르트주의의 확실성, 칸트주의의 종합적 선험, 피히테[63]의 지적 직관일 수도 있는데, 새로운 초월성은 보편적 또는 일반적 추론의 가능성에 동의하기 위해 거기에 있어야 합니다.

그래서 거기에는 유동성flux, 끊임없는 변화, 형언할 수 없는 독특한 생각들로 되돌아가려는 지속적인 경향이나 압력이 있어 왔습니다. 사건Event[64]이 갑작스럽게 기존의 물질적 맥락과 무관하게 오늘날 그것에 대해 행동할 가능성과도 무관하게 발현될 때까지, 즉 우리가 바디우[65]와 같은 철학자들 사이에서 그 사건을 축하하는 시점에 이를 때까지 말입니다. 따라서 제 생각에 변증법적 비판 실재론이 제공하는 좌표는, 매우 강력한 것입니다.

62　또한 바스카는 모든 유형의 인간중심적anthropic 이론에 의해 뒷받침되는 실재론(경험적, 관념적 등)의 종류를 지칭하기 위해 "인간중심적 실재론"이라는 용어를 사용한다. 그는 모든 이론에는 반드시 그 자신의 실재론(또는 존재론)이 배후에 있다고 주장한다. "문제는 실재론자가 되느냐 아니냐가 아니라 어떤 종류의 실재론자가 되느냐이다."(Seo M, 2014: 74)

63　요한 고틀리프 피히테Johann Gottlieb Fichte(1762-1814)

64　사건은 존재의 구조(fabric, 직물) 또는 사회질서의 구조가 찢어지는 것과 유사한 무엇이다. 그것은 주류에게는 트라우마적인 것이고, 참여자들에게는 아주 신나는 변형적인 것이다. 사건들은 너무 급진적이어서 바디우 자신의 존재론을 벗어날 정도이다. 사건에 대한 바디우의 수많은 논의는 부정적이다. 사건은 "존재로서의 존재being-as-being" 또는 정상적인, 수학적으로 통합된 실재의 구조와 다른 존재로 묘사된다. 거기에는 일반적 상황이나 역사가 없기 때문에, 무언가는 오직 어떤 상황에 속해 있을 경우에 '존재'를 갖는다. 사건들은 상황에 속하지 않으며, 사건들은 존재로서의 존재 외부에서 발생한다.(Robinson A, 2014)

65　알랭 바디우Alain Badiou(1937년 출생)

"변증법은 자유에 대한 열망과 그것에 대한 제약의 변형적 부정이다."

로이 바스카(2008b: 378),《변증법: 자유의 맥박》

"실재는 잠재적으로 무한한 총체성이다. 우리가 그중에서 무언가를 알고 있기는 하지만 대체 얼마나 알고 있겠는가."

로이 바스카(2008b: 15),《변증법: 자유의 맥박》

메타실재의 철학에 대한 간략한 개론

게리 호크

마지막 실시간 방송을 진행하는 동안 로이의 건강은 좋지 않았고, 그의 인생에도 많은 일이 있었다. 그것은 자기 자신보다 남들을 우선시하는 그의 포용력에 대한 증거였다. 이로써 그는 최후의 강연을 마칠 수 있었다.

그러나 로이는 그에게 주어졌던 시간보다 메타실재의 철학에 대해 훨씬 더 많은 것을 이야기하고 싶었을 것이다. 마지막 방송 중에 로이는 자기 리듬을 찾았으며, 온라인 강연을 즐기기 시작했다. 방송이 끝난 후 우리는 다음 단계에 대한 논의를 시작했다. 로이는 일련의 후속 세션이 진행되기를 원했다. 그는 비판적 실재론과 그것의 응용 분야들을 더 깊이 들여다볼 수 있는 구조를 형성하고 싶어 했다.

메타실재 철학이 지닌 깊이를 감안할 때 나는, 독자들에게 짧은 개론을 제공하고 싶다. 이 개론에서 나는 메타실재의 철학을 비판적 실재론의 일반적 궤적 안에 자리매김하고자 할 것이다. 또한 영적 전환의 문제(Cravens S, 2010)와 바스카가 메타실재의 철학에서 동양의 영적 철학 사상을 이용하는 방식을 최선을 다해 다루고자 노력할 것이다.

이 개론 전반에 걸쳐 나는 독자들이 비판적 실재론 안에서 두 가지 중요한 개념, 즉 자동적 차원과 타동적 차원에 관한 연관성을 고수하기를 권하고 싶다. 자동성은 우리가 사물에 대한 지식을 가지고 있지 않더라도 사물이 존재하고 있다는 차원이다. 비판적 실재론에서 사물은 단순히 대상이 아니라 이유, 또는 관계가 될 수 있다. 무엇이든 인과적 힘이 있는 한 사물이 될 수 있다. 예를 들어, 메타실재의 철학 안에서 사랑은 인과적 힘이 있기 때문에 존재하는 사물이다. 타동성은 우리가 사물에 대한 지식이 있거나 사물이 우리에게 영향을 미치는 차원이다. 이를테면 이런 것이다. "난 네가 날 사랑한다고 말하기 전까지 네가 날 사랑했다는 걸 몰랐어."

이렇게도 말할 수 있다. 신(또는 우리가 이 개론을 더욱 심화한다면, 비이원성)이 존재한다는 걸 경험하지 못했다는 것이 신이 존재하지 않는다는 걸 의미하는 것은 아니다. 이러한 주장은《초월성: 비판적 실재론과 신》(2009) 그리고《다신교 세계에서 이슬람을 바라보는 새로운 시각: 교육을 통한 성과에 관한 철학》(2015) 같은 비판적 실재론 책에서 다루어진다. 바스카가 메타실재 철학의 가장 중요한 요소 중 하나인 비이원성에 대해 이야기할 때 "당신의 철학 속에서의 진지함"이라는 비판적 실재론의 원칙을 고수할 수 있게 하는 것이 이 주장의 구조이다.

내가 이 개론에서 처음 다루고자 하는 것은 여기 비이원성의 영역이다.《실재와 자아실현: 비이원적 해방을 향한 바스카의 메타철학적 여정》(2014)에서 서민규는 비판적 실재론의 발전을 이분법적 이원론에서 비이원성으로의 이동으로 볼 수 있다고 제안했다.

바스카가 그의 초기 저서들인《실재론적 과학론》,《자연주의

의 가능성》,《과학적 실재론과 인간 해방》에서 발달시킨 기본적
또는 원형적 비판 실재론은 사회과학과 자연과학의 양 측면에서
존재론을 부활시킨 프로젝트이다. 그것은 존재론과 인식론 사이
의 분열에 주목함으로써, 그리고 철학이 인식론적 오류를 어떻
게 저지르는지, 인식론적 오류가 철학을 어떻게 인간중심적으로
만드는지, 존재에 대한 인식을 취함으로써 시도된다. 여기에서
이원론은 마음과 몸의 문제, 사실과 가치, 또는 사회와 개인 간의
분열이다. 이원론은 절반의 실재the demi-real이다. 이것은 바스카가
사용했던 용어로 우리가 무언가를 실재라고 느낄 수 있지만, 근
본적으로 그것이 잘못된 믿음에 기반한 것임을 가리킨다. 우리
가 세계는 층화되어 있고 층화 속에 발현적 속성들이 있음을 인
정한다면, 공시적 발현적 속성의 유물론(Bhaskar, 2015: 97)은 마
음이 물질의 발현적 속성이지만 물질로 환원될 수 없다는 것을
알려 준다. 설명적 비판(Bhaskar, 2015: 120)을 적용하면 우리는 모
든 것을 고려한 사실이 가치가 될 수 있음을 알 수 있다. 변형적
사회 활동 모델(Bhaskar, 2015: 34)은 개인이 사회 안에 놓이지만
사회 내부에서 변화를 일으킬 힘을 가지고 있고, 그래서 '사회는
나보다 먼저 존재하지만 나는 사회를 변화시킬 수 있다'는 것을
보여준다.

　이원론이 다뤄지고 존재론이 철학 안에 자리 잡으면서, 바스
카는 이원성의 세계 또는 상대적 영역의 세계와 관련된 비판적
실재론의 다음 단계로 나아간다. 왜 상대적 영역이 이원성의 세
계인가에 대해, 서민규는 이원성의 세계를 절반의 실재의 이원
론과 메타실재의 비이원성 사이의 조정 영역으로 봄으로써, 이

원성의 세계가 우리가 살고 있는 상대적 실재 세계라는 것을 가장 잘 해명할 수 있다고 말한다.

이 실재 안에서 우리는 변증법을 통해 드러나는 집합체적 측면을 발견하지만, 세계의 폐쇄적 총체성을 만들어 내려는 헤겔의 변증법과는 달리, 바스카는 변증법적 비판 실재론을 통해 세계가 변화와 차이를 갖는 개방적 총체성임을 보여준다. 오로지 비동일성의 변증법적 순간 안에서만 우리는 세계 또는 보편성/특이성의 조화concert를 알 수 있다. 우리는 바스카가 자신의 MELD 도식을 존재의 관계성에 적용했던 방식을 통하여 변증법적 비판 실재론의 구조를 가장 잘 묘사할 수 있다. 첫 번째 수준 1M은 그 자체로서의 존재 그리고 비동일성으로서의 존재를 생각하거나 이해하는 수준이다. 두 번째 수준 2E는 과정으로서의 존재, 부정성과 변화, 부재를 수반하는 것으로서의 존재를 탐구한다. 세 번째 수준 3L은 함께 내적으로 관련되는 전체로서의 존재를 탐구한다. 네 번째 수준 4D는 변형적 실천을 통합하는 것으로서의 존재를 이해한다.(Bhaskar, 2012b: 서문 xlix) 이때의 변증법은 존재의 층화된 집합체적 본성을 알아 가는 심화 과정이다.

비판적 실재론이 과학철학이고, 변증법적 비판 실재론이 변증법의 철학이라면, 메타실재의 철학은 자유, 사랑 그리고 창조성의 철학이다. 그것은 당신과 나에 관한 철학이고, 차이를 넘어 동일성을, 분열을 넘어 통일성을 제공하는 철학이며, 비이원성의 철학이기도 하다.

잠깐 멈춰서 바스카가 메타실재의 철학에 대해 말할 때 사용했던 이야기를 떠올려 보자. 분주한 거리를 돌아다닐 때 당신은 어떻게 사람들과 부딪치지 않는가. 비록 길을 걸으며 생각에 잠겨 있다 할지라도 여전히 당신은 사람들과 부딪치지 않는다. 어째서 그런가? 여기에서 일어나고 있는 일은 비이원성의 순간이다. 당신은 많은 사람과 하나이지만 그럼에도 당신은 한 개인이다. 당신이 영화를 보거나 책을 읽을 때, 또는 이 개론을 읽을 때에도, 당신은 스스로를 넘어서서 당신이 아닌 무언가에 빠져들어가고, 스스로에게서 스스로를 지워 나가고 있는 것이다. 이것이 바로 비이원성이다. 우리가 서로의 이야기를 들을 때, 듣고 있는 이 순간이 바로 비이원성이다. 메타실재의 철학을 위한 비이원성은 단지 깨달음을 위한 동양의 영적 비유일 뿐만 아니라, 실재하는 것이며, 타동적으로 현상화되었을 때 당신과 내가 만날 수 있게 하고, 사회를 번영하게 하는 자동적이고 인과적인 힘이다.

《메타실재의 철학: 창조성, 사랑 그리고 자유》에서 바스카는 비이원성을 다음과 같이 서술한다.

"이원성 영역의 기초 또는 기반, 그것은 기저 상태와 우주적 외피라는 비이원적 존재로서의 비이원성이다."

"우리가 다른 존재들, 특히 사람들과 의사소통하거나 더 일반적으로는 세계의 현상을 지각하고, 보고, 읽고, 귀 기울이고, 이해하는 그리고 말, 생각 등등을 포함해 어떤 행동이든 하고자 할 때 필수적인 요소가 되는 방식."

"지각의 힘, 인식의 힘을 통해, 존재의 어떤 측면이든 깊은 내부 또는 미세 구조의 기저 상태로 거슬러 올라갈 수

있는데, 이것은 우리가 알 수 있듯이, 체화된 인격의 장
안팎에서 타율성heteronomy의 요소와 형식을 분리하는 강력한
방법을 제공한다."(Bhaskar, 2012b: 2)

　우리가 메타실재의 철학을 이해하기 시작함에 따라 탐구해
야 할 세 가지, 즉 우주적 외피, 기저 상태 그리고 체화된 인격이
나타난다. 우주적 외피는 모든 것이 드러나는 공간이다. 우리는
전에 변증법적 비판 실재론에서 구체적 보편성과 비슷한 생각
을 접한 적이 있는데, 모든 것은 우주적 외피에서 서로 연결되어
있으며, 당신과 나도 우주적 외피 안에서 하나이다. 내가 기저 상
태 또는 구체적 특이성에 있을 때, 내가 유연해지거나 나의 에고
에서 자유로워질 때, 나는 더이상 절반의 실재에 살고 있지 않다.
요가차라yogachara의 용어를 빌면, 나는 번뇌kleshas, 즉 불건전한 마
음과 생각들로부터 자유로워진다.
　이기적 모순에서 벗어난 나는 체화된 인격으로서, 대인관계
수준에서, 업무 및 사회적 환경과 같이 우리의 물적 거래의 수준
에서, 자기내부적intrapersonal 관계의 수준에서 그리고 자연 세계의
수준에서, 올바른 행동으로 세계에 관여할 수 있다. MELD 도식
을 변증법적 비판 실재론의 다섯 번째 수준인 5A가 포함되도록
확장하려면, 존재를 성찰적이고 보편적으로 내적인 것으로 이
해해야 한다. 6R이라고 불리는 여섯 번째 수준은 존재를 재마법
화된 것으로 이해한다. 일곱 번째 수준 7Z는 존재를 차이를 넘어
동일성의 우위로, 분열을 넘어 통일성으로 통합하는 것으로 이
해하고, 특히 비이원성으로서 존재를 이해한다.

바스카는《변증법: 자유의 맥박》마지막 단락에 이렇게 썼다.

"최적의 근거가 되는 이유로서의 진정한 진리는 자기 해방,
즉 우리의 인과적 힘이 번영하도록 자유에 관한 제약을
없앰으로써 변형적 부정의 행위주체에 대하여 합리적 원인이
될 수 있다. 존재한다는 것은 되어 갈 수 있는 것이 되는 것이며,
그것은 본성 속에서 보편적으로 구체화된 인간의 자율성의
원칙에 기초하는 사회에서만 충분히 실현될 수 있는 능력인
자아 성장 능력을 갖추는 것이다. 이 과정은 변증법적이다.
그리고 이것이 바로 자유의 맥박이다."

자유의 맥박에 대한 이러한 생각은 계속되었고 메타실재 철
학의 선언이 되었다.

"메타실재의 철학은 바로 이 세계가 그럼에도 불구하고
의존하고 있는 방식, 즉 오로지 우리의 존재와 우리의 활동
단계에 대한 비이원적 상태에서의 자유, 사랑, 창조성, 지적
에너지와 활동 덕분에 궁극적으로 지속되고 존재하는 방식을
말한다. 이것을 알게 됨으로써 우리는 우리가 만들어 낸
억압, 소외, 신비화, 비참함의 구조 전체를 변형시키고 전복하는
과정을 시작하며, 그 비전은 균형 잡힌 세계 그리고 저마다
독특한 인간의 자유로운 발전과 번영이다. 또한 이것은 모두의
자유로운 발전과 번영의 결과이기도 한데, 이러한 것들이
그 조건이 된다고 이해되는 사회의 문을 열어젖힌다."
(Bhaskar, 2012b: vii)

메타실재 철학의 목표를 설정하고, 비이원성의 쓰임새를 탐구하며, 메타실재의 철학이 기본적 비판 실재론 및 변증법적 비판 실재론에 어떻게 다시 연결되는지를 보여주면, 메타실재 철학의 열일곱 가지 기본 원칙이 바스카의 초기 저작들을 어떻게 지양sublation, 止揚(변증법의 중요 개념으로, 어떤 것을 그 자체로서는 부정하면서, 도리어 한층 더 높은 단계에서 이것을 긍정적으로 여겨 살리는 일. [옮긴이]) 하는지를 알 수 있게 된다.

1. 거침없는 존재론(존재의 비환원성)의 원칙

2. 모든 것을 품어 안는 존재론의 원칙

3. 성향적 실재론의 원칙

4. 범주적 실재론의 원칙

5. 진정한 실재론의 원칙

6. TINA(대안은 없다) 형태의 원칙

7. 벗어나기Shedding로 해방을 정의하기

8. 비대칭에 의존하는 것으로 해방을 이해하기

9. 기저 상태론

10. 우주적 외피론

11. 초월론

12. 자기의식에서 변형적 동일화의 원칙

13. 공동현존Co-presence의 원칙

14. 자기지시성 우위의 원칙

15. 재마법화의 원칙

16. 무제한 또는 무한 자아의 원칙

17. 메타실재의 원칙

처음 일곱 가지 원칙은 이전에 기본적 비판 실재론 및 변증법적 비판 실재론을 통해 다룬 적이 있다. 그리고 이 개론에서 나는, 메타실재의 철학을 어떻게 적용할 것인가에 대해 생각할 때 독자에게 유익할 것이라고 생각하는 한 가지 원칙을 주로 탐구하고, 다른 원칙들에 대해서는 개요 정도를 다룰 것이다.

열한 번째 원칙인 초월론에서는 우리가 초월성 또는 비이원성을 경험할 수 있는 네 가지 방법이 있다고 말한다.

초월성 속으로 또는 초월적으로 은둔 또는 청산하기. 이것은 우리가 객관성에서 한 발 물러나 우리 자신의 주관적 경험을 알아차리는 감각이다. 위대한 게슈탈트 운동은 여기에서 내가 무엇을 보는지, 내가 무엇을 알아차리는지, 내가 무엇을 느끼는지, 내가 무엇을 아는지, 내가 무엇을 모르는지를 묻는 것이다. MELD의 첫 번째 순간Moment 및 두 번째 모서리Edge와 일치하는 이것은 비동일성이자 부재이다. 우리는 그저 대상 또는 사물을 받아들이는 게 아니라 한 발 물러나 관찰자와 관찰 사이의 틈을 알아차리고 그 틈 안에 무엇이 있는지를 묻는다.

의식 속의 초월성 속으로 또는 초월적 동일화. 이는 우리가 대상이나 사물 속으로 완전히 들어가면서 우리의 연결을 알아차리고, 우리가 MELD의 3L과 관련된 연결성의 새로운 수준 또는 총체성의 일부가 되는 것이다. 우리는 이것을 꽃, 저녁노을 또는 아름다운 그림을 볼 때 간단히 경험할 수 있는데, 거기에는 더이상 틈이 없다.

초월성에 관하여 또는 초월적 행위주체. 이것은 우리가 충만함과 무심함 모두의 행위 안에서 완전히 활동할 때 우리의 행위주체가 집중되어 있고, 살아 있으며, 자유롭다는 것이다. 나는 이 개론을 오전 8시부터 쓰기 시작했고, 지금은 오후 6시이다. 그 동안 나는 시간이 가는 줄도 모르고 글쓰기라는 창조적 행위에 완전히 집중했다.

초월성과 함께 또는 초월적 협동 작업. 이것은 당신과 내가 충만하게 일하는 순간이고, 스포츠를 할 때처럼 일에서 한마음이 되는 순간이며, 그 순간 모두가 하나되는 것이다. 초월적 협동 작업과 행위주체는 모두 MELD 안에서 4D의 변형적 실천이다.

나에게 열한 번째 원칙은 메타실재 철학의 핵심이다. 왜냐하면 초월성 없이는 사랑이 있을 수 없고, 사랑 없이는 창조성이 있을 수 없으며, 창조성 없이는 자유를 향한 충동이 있을 수 없기 때문이다. 자유를 향한 충동이 없다면, 우리는 결코 우리의 해방을 가로막는 장애물을 무너뜨리지 못할 것이다.

메타실재의 철학은 해방의 철학이다. 그것은 우리에게 더 나아갈 것을 요청한다. 우리 자신뿐만 아니라 모든 의식적 존재를 자유롭게 할 것을 요구한다. 그것은 심오한 생태학이다. 우리는 세계 속에 사는 동시에 세계 그 자체이다. 따라서 우리는 세계를 지켜야 한다. 그것은 동일성의 측면에서 차이를 허용하는 철학이다. 이 철학은 서양과 동양의 철학을 모두 수용할 수 있는 공간을 만들고, 자동성과 타동성의 중요성을 고수하는 바스카의 프로젝트를 확장시킨다. 그것은 비판적 실재론, 학제 간 연구 그리고 바스카가 천착한 교육, 장애학, 복지, 생태, 갈등 관리 분야로의 이행을 위해 다음 단계로 가는 길을 닦는다.

메타실재의 철학은 이론과 실천이 일관된 철학이다. 그것은 가장 깊고 가장 높은 수준에서 우리가 연결되어 있다는 세계관을 제공한다. 그것은 우리가 우리의 자유를 가로막는 개인적, 사회적 장애물을 떨쳐 낼 준비가 되어 있다면, 이 심층 존재론의 수준을 알게 될 수 있음을 제안한다. 이전에 비판적 실재론 안에서 진행되던 것에서는 급진적으로 이탈한 것이지만, 이원론에서 이원성으로, 비이원성으로 가는 비판적 실재론의 발전 흐름 안에서 보자면, 바스카의 비판적 실재론 초기 단계 안에서 메타실재의 개념을 역행추론하는 것은 가능하다.

나는 심지어 메타실재의 철학을 원형적 비판 실재론 및 변증법적 비판 실재론을 위한 기초 작업이라고 말하고 싶다. 비판적 실재론을 시작하며 바스카는 과학이 존재하기 위해서 세계가 어떠해야 하는지를 물었고, 이제 메타실재에서 그는 당신과 내가 자유롭게 살아가기 위해 세계가 어떠해야 하는지를 묻는다.

더욱이, 이것은 사랑의 철학이다.

"사랑은 사실 기초가 되는 것 또는 초월적 동일화 또는
그러한 일치의 특성을 정의 내리는 것이며, 우주적 외피
수준에서의 특성을 한데 묶는 것, 그리고 사회적 삶에서
하나로 합쳐지거나 묶이는 힘이라고 생각할 수 있다."
로이 바스카(2012b: 7), 《메타실재의 철학: 창조성, 사랑 그리고 자유》

"그것은 별이 빛나는 하늘 위에 있는 것도 아니고 도덕률
안에 있는 것도 아니다. 칸트가 그랬듯이, 오히려, 당신의
고결한 현존을 이루는 진정한 기초는 별이 빛나는 하늘이
당신 안에 있고 그 안에 당신이 있다는 사실이다."
로이 바스카(2012b: 350), 《메타실재의 철학: 창조성, 사랑 그리고 자유》

3

비이원론

메타실재의 철학

2014년 6월 2일 온라인 실시간 방송

"메타실재의 철학은 이원성과 이원론의 세계에 대한 토대,
구성 방식 그리고 심층 구조로서 비이원성을 전면에 내세운다."
로이 바스카(2012b: 314), 《메타실재의 철학: 창조성, 사랑 그리고 자유》

"과학, 예술, 교육, 실생활 등에서 창조성과 발현의 구성 요소로서
초월성이 필연적이라는 것은 크리에이터나 혁신가가 일종의 실용적
신비주의자가 된다는 사실을 보여준다. 더욱이 나는 진정으로 인간의
모든 행위가 창조성, 즉 새로운 무언가의 생산, 그러한 행위 없이는
일어나지 않았을 무언가의 생산을 포함하여, 실제로 또는 잠재적으로
세계를 변형시키는 것으로서 (그리고 그러한 행위가 없었다면 뒤이은
상황이 그렇지 않았을 것이라는 의미에서, 반드시 변형시키는 것으로서)
의미가 있다는 주장을 하고 싶다."
로이 바스카(2012b: 129), 《메타실재의 철학: 창조성, 사랑 그리고 자유》

도입 및 존재론의 더 많은 수준들

  기본적 비판 실재론은 초월적 실재론, 비판적 자연주의와 설명적 비판 이론, 즉 과학철학, 사회과학의 철학과 윤리학에의 개입 등으로 구성됩니다. 변증법적 비판 실재론에는 영성의 주제에 대한 첫 번째 모험도 포함되는데, 저는 그 결과적 체계를 '초월적 변증법적 비판 실재론'[1] 이라고 불렀고 제 책 《동양에서 서양으로》[2] 에서 그것을 설명했습니다. 메타실재의 철학은 그 이전의 발전을 전제로 해서 추가로 발전시킨 것입니다.

  이제 여러분은 변증법적 비판 실재론이 MELD로 올바르게 알

---

1 우리가 변증법적 비판 실재론의 모든 범주적 영역을 통해 사고한다면, 변증법적 비판 실재론의 이러한 초월적 심화 또는 급진화(이것이 내가 초월적 변증법적 비판 실재론이라고 부르는 것이다)는 우리로 하여금 진정으로 최선의 행동이 무엇인지를 알도록 이끌 것이라고 나는 믿는다. 실제로 대부분의 기본 행동은 지극히 자연스러운 것으로 도구적 행동을 계산하지 않는다.(Bhaskar, 2012a: 135)

2 Bhaskar(2015, 2판), 《동양에서 서양으로: 영혼의 모험》, London, Routledge. 이 책의 본질적 주제는 인간이 본질적으로 신이라는 것이다(따라서 본질적으로 하나이지만, 또한 본질적으로 독특하기도 하다). 그리고 그와 같이 인간은 본질적으로 자유롭고 이미 깨달았으나, 자유와 깨달음은 (a) 금지 그리고 (b) 제한이라는 외부적이고 타율적인 결정들에 의해 가로막혀 있다. 이것이 본질적 사실이다. 인간의 본질적 자유를 되찾고 실현하기 위해서는 본질적으로 자신이 신과 같지 않다거나 자유롭지 않다는 착각과 그 착각의 근거가 되는 (착각, 이원성, 소외의 외적 세계를 구성하는) 타율적 결정의 제약을 모두 제거해야 한다. 자유로워지거나 자신의 자유를 실현하기 위해 인간은 자신이 (본질적으로) 신이 아니라는 착각과 (이미, 오로지, 완벽하게) 자유롭다는 착각을 모두 제거해야 한다!(Bhaskar, 2015: ix)

려진 4단계의 체계임을 기억하실 겁니다. 여기에서 우리는 비동일성으로서의 존재, 구조로서의 존재, 차이로서의 존재를 이해하게 됩니다. 그것은 존재론을 둘러싼 두 가지 주장과 함께 시작되었던 아주 초기의 비판적 실재론입니다. 인식론으로의 환원에 반대하는 존재론의 주장은, 인식론적 오류라고 부르는 것을 비판하고 과학 및 지식의 자동적 차원을 타동적 차원으로부터 구분하는 결과를 얻어 냈습니다.

그것은 주장의 한 부분이었고, 다른 부분은 새로운 존재론에 대한 주장이었습니다. 저는 철학에서 존재론 없이 시도했던 것들이 사기 행각이었다는 것, 세계가 평평하며 차이가 없고 변화가 없다는 흄식 경험론에서 사실상 암묵적 존재론의 발생을 은폐했다는 것을 주장했습니다.

그러한 존재론 대신에, 저는 구조와 차이의 존재론을 주장했습니다. 어떤 면에서 기본적 비판 실재론의 선행 개념은 비동일성이었습니다. 존재는 다른 것입니다. 존재는 지식과 같지 않습니다. 구조와 발생 기제, 인과법칙은 경험적 규칙성과 같지 않다는 말입니다. 그래서 이것이 비동일성, 구조 그리고 차이라는 존재론의 첫 번째 수준에 대한 주요 특성이 되었습니다. 그것은 실재를 현상으로, 또다시 경험으로 환원하는, 현상주의라고 불리는 것에 대한 비판의 결과물이었습니다.

변증법적 비판 실재론으로 이끌어 낸 두 번째 수준의 존재론은 부정성, 부재 그리고 변화를 주제화하는 거대한 발걸음을 내디뎠습니다. 저는 세계가 불변하지 않는다는 것과 변화는 존재로 환원할 수 없다는 것을 주장했습니다. 이것은 존재론적 일가성의 교리에 대해 비판하는 형식을 취했고, 핵심 개념인 부재의 측면에서 변화와 부정성에 대한 분석을 만들어 냈습니다.

세 번째 수준은 사물들 사이의 관계에서 내적 관계뿐만 아니라 외적 관계 역시 주제화했고, 사물들을 전체로서 하나로 통합했습니다. 그래서 우리는 이 존재의 세 번째 수준에서, 존재에 대한 이해, 전체론적 인과성, 총체성, 구체적 보편성, 집합체성의 개념들 그리고 다른 수많은 흥미로운 개념들을 갖게 되었습니다.

그 다음으로 존재를 이해하는 네 번째 수준에서 우리는 그것을 인간의 행위를 통합하는 것으로서, 그리고 변형적 실천으로서 이해합니다. 이것은 이미 사회과학의 철학, 즉 비판적 자연주의에서 이끌어 냈던 수준입니다.

이제 메타실재의 철학은 세 가지 다른 범주적 수준에 대한 이해를 발전시켰습니다. 다섯 번째 단계는 내적으로, 성찰적으로 존재를 범주화했고, 어떤 의미에서는, 존재를 영적으로 범주화했습니다. 다섯 번째의 의미는 우리가 5A, 즉 다섯 번째 측면aspect에 대해 이야기하는 무언가입니다. 다음으로 여섯 번째 수준 또는 6R은 여섯 번째 영역realm으로, 우리가 존재를 재마법화하는 것으로서 이해하는 수준입니다. 우리는 의미와 가치를 인간이 주관적으로 부과하는 것이 아니라 실재로 이해합니다. 따라서 세계는 인간이 여기에 있든 아니면 그것을 인식하든 하지 못하든 상관없이 가치를 포함합니다. 그 체계를 완성하는 일곱 번째 수준 7Zzone는 차이에 대한 동일성의 우위와 분열보다 통일성이 우위에 있다는 측면에서 존재를 이해합니다.

그리고 이러한 세 가지 수준은 메타실재의 철학에 의해 주제

화되는 수준들입니다.[3]

1M 비동일성
2E 부재
3L 총체성
4D 변형적 실천
5A 성찰
6R 재마법화
7Z 동일성의 우위

표 6. MELD(ARZ)로서의 메타실재의 철학

일곱 번째 수준은 매우 흥미롭습니다. 왜냐하면 어떤 면에서 그것은 첫 번째 수준(1M)의 관점을 뒤집는 것이기 때문입니다. 첫 번째 수준에서 우리는 사물과 범주 사이의 비동일성을 강조했습니다. 가장 중요한 개념은 차이입니다. 일곱 번째 수준에서 우리는 모든 차이를 극복한 뒤, 동일성의 우위를 주장합니다. 이것의 패러다임은 대화를 나누는 두 사람이 상대방의 말에 완전

---

3 5A의 A는 초월의 순간, 창조적 영감 또는 유레카의 순간, 지복bliss, 기쁨, 해탈release 그리고 안도의 순간에 내뱉는 "아아aarh!"를 나타낸다. 6R의 R은 울림resonance, 물결ripple 또는 빛살ray을 나타낸다(비의적 또는 공개적 상호의존의 결과). 따라서 R은 재마법화로서 1M을 더욱more 강화하고, 3L에서는 사랑love을 강화한다. 또한 그것은 "정말really!?"을 가리키는데, 놀랍게도, 감히 할 수 있음을 내포하는 또렷함edginess(이것은 2E, 즉 두 번째 모서리edge를 암시한다. [옮긴이])은 초월성의 "아아"로 완성되어 깨어남 속에서 고양되고 안정된다. 그래서 ZA zone/awakening 속의 A는 울림 또는 메아리로 울려 퍼지는 것이고, "아아", 즉 "아하!"의 5A에 대한 재확인 또는 반복인 것이다.(Bhaskar, 2012b: 285)

히 몰두하는 것과 비슷합니다. 따라서 여러분이 말을 하고 완전히 집중하며 귀를 기울일 때, 우리의 몸과 우리의 존재는 분명히 별개인 채로 있지만 우리의 의식은 초월적 동일성 속에 있습니다. 따라서 우리가 이원성의 세계, 주체와 객체의 세계로서 성격화하는 것 안에서 우리의 의식은 하나가 됩니다.

이제 우리가 주체와 객체 사이에 위치짓는 이러한 의미는 철학의 수준에서 초월됩니다. 메타실재는 이원성의 물리적 세계에 대한 초월 또는 폐기abolition를 수반하지 않습니다. 물리적 세계는 여전히 남아 있습니다. 두 번째로, 우리는 동일성의 우위에 대해 말하는 것의 의미를 이해해야 합니다. 여기에서 동일성의 의미는 초월적 실재론에서 비판한 것과 같은 원자론적 동일성과는 매우 다릅니다. 여기에서 동일성의 의미는 교향곡이나 아름다운 그림, 저녁노을에서 느낄 수 있는 동일성과 같습니다. 차별화되어 발전하는 동일성, 움직이는 동일성입니다. 그럼에도, 우리가 살고 있는 세계에서 차이를 넘어서는 동일성의 우위와 같은 것을 주장하기 위해서는 몇 가지 주장이 더 나와야 합니다.

일반적인 개념의 사용에서 나온 몇 가지 낮은 수준의 주장으로부터 시작해 봅시다. 제가 저와 도널드[4]의 키가 서로 다르다고 말한다면, 이것은 우리가 공통적인 것, 즉 키라는 개념을 가지고 있다는 것을 전제로 합니다. 만약 우리가 차이에 대한 동일성의 우위에서 분열에 대한 통일성의 우위로 나아간다면, 여러분은 우리가 다른 경험세계universe를 우리의 경험세계에 효과적으로

---

4   실시간 방송 중에 도널드 클라크는 방송이 모든 면에서 원활하게 진행될 수 있도록 안쪽 방에서 일하고 있었다. [편집자]

통합하거나 우리의 경험세계를 다른 경험세계에 통합하는 것 외에 다른 경험세계에 대한 이해를 어떻게 수용할 수 있을지를 생각해 보고 싶을 것입니다. 따라서 우리는 거대한 경험세계를 다루게 됩니다. 우리가 외부의 경험세계를 접촉할 때 그것을 이해하는 것은, 이론화하기 어려워 보입니다. 어떤 의미에서 그것은 항상 우리의 경험세계에 머물러 있는 것입니다.

철학의 역사에서 더욱 강력한 종류의 주장을 잠깐 살펴보고 싶은데요. 세 가지 특징적인 철학을 구분해 봅시다. 메타실재의 철학에 따라 확립된 두 가지 비판적 실재론은, 이원성의 세계에서 일어나는 일을 이해할 수 있는 가장 좋은 방법이라고 생각합니다.

그 다음으로 메타실재의 철학이 있습니다. 이것은 비이원성의 세계[5], 즉 이원성의 세계를 존재케 하면서 그러한 이원성들을 초월하는 세계가 있다고 주장합니다. 그리고 세 번째 종류의 세계에 해당하는 세 번째 유형의 철학이 있습니다. 그것은 우리가 절반의 실재라고 부르는 것으로, 사물들 사이의 차이가 적대적 모순과 끔찍한 분열로 첨예해지는 이원성의 세계입니다. 누군가는 우리가 억압적 구조들이 지배하는, 절반의 실재가 군림하는 이원성의 세

---

[5] 우리는 비이원론을 비이원적 인식과 함께 철학으로서와 (엄밀히 말해 일부에 의하면 비이원적 경험은 제대로 된 경험이 아니라는 경고와 함께) 경험으로 서로 대비시킬 수 있다. 비이원론은 궁극적으로 무엇이 실재인가를 서술하기 위한 시도이며 단어들을 사용하는 철학적 구성이지만, 비이원적 인식은 인간의 경험을 특징짓는 주체-객체의 이원성이 사라지는 것처럼 보이는 경험이다. 주체-객체의 이원성에 대한 이러한 "붕괴"는 전체적일 수도 있고 부분적일 수도 있으며, 시간적으로 다양한 기간 동안 계속될 수 있다.(Taft. M. W, 2014: 2)

그림 9. 실재의 수준들

계에서 살고 있다고 분명히 주장할 수 있겠지요.[6]

　메타실재의 주장은 이러한 구조들이 더 깊은 수준, 사실상 비이원성의 수준에 의해 수동적으로 미리 제공되지 않는다면, 지배적일 수 없다는 것입니다. 일단 우리가 이 수준을 인식하게 되면, 이 수준은 우리에게 존재 내 힘에 대한 대안적 위력을 암시적으로 보여줍니다.

6　나는 비판적 실재론에서 변증법적 비판 실재론으로의 진화를 "이원론에서 이원성으로의 전환"으로 정의할 것이다. "이원성에서 집합체적 동일화로의 전환"은 변증법적 비판 실재론에서 메타실재로의 두 번째 진화를 의미한다. 바스카는 "이원론"이라는 용어를 사용하여 "비실재" 또는 "절반의 실재" 영역을 나타낸다.(Seo M, 2014: 3)

헤겔 그리고 삶과 죽음의 투쟁[7]

이와 비슷한 방향, 똑같은 방향은 아니었지만 비슷한 방향으로 나아가려고 했던 철학자, 헤겔에 대해 살펴봅시다. 저는 헤겔의 가장 위대한 작품《정신현상학》의 한 구절에 대해 이야기하려고 합니다. 삶과 죽음의 투쟁으로 알려진 꽤 유명한 구절이지요.[8]

헤겔은 우리에게 두 원시적 존재를 상상하라고 했습니다. 죽을 때까지 맞부딪히며 싸우는 야만인들이라고 해 봅시다. 한 사람이 다른 사람을 싸워 이겼음에도 그냥 두는 것에 대해 헤겔은 질문을 던집니다. "왜 승자는 패자의 목숨을 살려주는가?" 헤겔의 대답은 이렇습니다. 패자의 목숨을 살려주는 이유는, 패자가

---

7   두 자아-의식의 관계는 이런 방식으로 구성되어 있기에 삶과 죽음의 투쟁을 통해 자기 자신과 서로를 증명한다. 그들은 그들의 자기 확신, 즉 자기를 위한 존재의 확신을 객관적 진리의 수준으로 가져와야 하므로, 이러한 투쟁에 들어설 수밖에 없고, 상대의 경우에서나 자신의 경우에서나 모두 이것을 사실로 만들어야 한다. 그리고 자유를 얻는 것은 전적으로 삶을 위험에 빠트리는 일이다. 따라서 자아-의식의 본질적 속성은 벌거벗은 존재가 아님을, 최초에 그 모습을 드러내는 즉각적 형태도 아니고, 단순히 삶의 지평속에서 흡수되는 것도 아님을 증명하고자 시도하는 것이다. Hegal G. W. F, Bailey J. B,《정신현상학》, (2003: 107). 또한 이것도 참고하라. Bhaskar,《주인과 노예: 화해의 변증법에서 해방의 변증법으로》, (2008b: 45).

8   나는 특히 헤겔의 삶과 죽음의 투쟁을 좋아하는데, 왜냐하면 이것은 상호간의 죽음이나 파괴가 현재의 위기에 유일한 대안이 아니라는 것을 보여주기 때문이다. 기억하겠지만, 삶과 죽음의 투쟁은 야만인 또는 원시인 둘이 끝까지 싸우는 것이다. 그들은 서로 이기기 위해 목숨을 잃을 각오가 되어있고, 그 다음에는 한 명에게 승리의 시간이 다가온다. 여기서 질문은 "왜 그는 상대를 죽이지 않는가?"이다. 헤겔은 그가 자신의 힘, 자신의 용맹함보다 상대의 증언을 더 원하기 때문에 죽이지 않는다고 말한다.(Bhaskar R in Hartwig, M & Morgan J, 2013: 209)

승자를 칭송, 즉 그가 얼마나 대단한 사람이었는지를 말할 수 있으며, 그의 용기와 용맹함, 담대함, 투쟁 등을 증언할 수 있기 때문이라는 것입니다. 요컨대 승자로서 승리와 그것을 가능케 하는 힘을 인정받기 위해서입니다.

이것은 철학의 역사에서 오랜 전통이 되는데, 바로 '인정투쟁'이라는 주제입니다. 삶과 죽음의 투쟁에 대한 마르크스와 엥겔스의 유물론적 방향에 따른 대안적 해석은, 한마디로 그것이 헛소리rubbish라는 것입니다. 승자가 패자의 목숨을 살려주는 이유는 그 사람을 노예로 만들기 위해서, 즉 종으로 만들어 자신을 위해 노동하도록 하기 위해서입니다.

이 자체가 해석의 대안적 변증법을 수립합니다. 왜냐하면 그런 다음 우리가 '노예에게 무슨 일이 일어나는 거지?'라는 온전한 질문을 갖기 때문입니다. 글쎄요, 노예는 게으른 주인을 위해 행동하면서 자신의 힘을 기르고, 결국 노예가 주인을 뒤집어엎을 수 있습니다. 그리고 더욱더 중요한 것은 노예가 주인/노예라는 관계성을 뒤집어엎을 수 있는 지경에 이르게 된다는 것입니다. 그래서 그것은 좌파의 역사에서 해방을 위한 투쟁으로 발전합니다. 우리는 설득력 있는 주제로서 이 두 가지 주제를 인정투쟁, 즉 억압에 의한 주인/노예의 관계성을 초월하고자 하는 투쟁으로 갖고 있습니다. 그것은 여전히 오늘날 정치철학에서 가장 현대적인 것입니다.

헤겔이 자신의 분석에서 하고 있는 것, 좌파가 자신들의 분석에서 하고 있는 것은, 왜 그러한 종류의 통일unity이 지속되어야 하는가에 대한 주장이 있다는 것을 전제하고 있습니다.

메타실재에 대한 주장

저는 이제 메타실재의 철학에 대한 주장을 좀 더 공식적으로 발전시키고자 합니다. 제 주장에는 동일성이 차이보다 더, 존재론적으로 더 중요하고, 통일이 소외나 분열보다 더 중요하며 선행한다는 점에서 세 가지 개념이 있습니다. 첫 번째 개념은 동일성 또는 비이원성이 사회적 삶을 구성하는 데 필연적이고, 그것을 재생산하거나 전환하는 데 필연적이라는 개념입니다.

그러므로 우리는 구성의 한 양식으로서 동일성을 갖습니다. 두 번째 개념은 동일성이 사회적 삶의 기초라는 것, 그리고 세 번째 개념은 동일성과 비이원성이 사회적 존재의 깊은 내면이며 실제로 존재 그 자체라는 것입니다. 먼저 사회적 삶의 구성에서 동일성이 왜 중요한지에 대한 주장을 살펴본 후 이원성에 대한 초월성의 네 가지 형식을 구분짓고자 합니다.

의식의 초월적 동일화
초월적 행위주체
초월적 전체론
초월적 자아

표 7. 초월의 네 가지 형식

의식의 초월적[9] 동일화란 무엇일까요? 이것은 여러분이 책을 읽거나 텔레비전을 볼 때 일어나는 일입니다. 여러분이 책이나 텔레비전에 완전히 빠져 있는데 누군가 방에 들어와서 뭔가를 이야기한다고 해 보죠. 그러면 여러분은 책에서 읽던 부분을 놓치거나 전개되는 줄거리를 놓치게 됩니다. 그러면 여러분은 다른 누군가에게 무슨 일이 있었는지를 물어봐야 합니다. 아니면 뒤로 돌아가서 평화주의에 관한 철학책에서 놓친 단락을 읽으며 주장의 원줄기로 돌아가야겠지요. 따라서 메타실재는 어떤 사회적 상호작용이나 어떤 인식이 일어나는 데에서 의식의 초월적 동일화가 필연적이라고 주장합니다. 여러분이 이것을 터무니없다고 생각할지도 모르겠습니다. 지금 제가 이야기하는 것을 듣고 이렇게 말할지도 모르겠어요.

"글쎄요, 나는 당신의 의식과 동일화되지 않네요. 나는 당신의 말과 동일화되지 않아요. 내가 그것들을 이해할 수 있을 정도로 그것들에 동의되지도 않고, 정말로 그것들을 이해할 수도 없군요. 그래서 당신은 의식의 초월적 동일화에 대해 어떻게 이야기할 수 있을까요? 내가 당신의 말을 이해할 수 없다고 하는 이야기를 듣고 말이죠."

저는 "그래요"라고 말할 것입니다. 하지만 여러분은 제가 말을 하기 위해 만들었던 단어나 소리와 동일화하고 있었습니다. 여러분이 그것들을 이해하지 못한다고 해도, 여러분은 그것들과

---

9   독창적이고 변증법적인 비판 실재론에서 초월은 세계가 어떤 모습이어야 하는지 또는 어떤 것이 존재해야 하는지를 묻는 예술이었다. 메타실재의 철학에서 초월은 넘어서는 또는 존재를 넘어서는 예술이다. [편집자]

동일화될 수밖에 없고, 여러분은 그것들이 무엇인지 말할 수 있어야 합니다. 그래서 정말로, 여러분이 신문을 읽거나 텔레비전을 볼 때 드는 생각에 대한 의식의 초월적 동일화는 아주 단순하고 평범한 일입니다. 그것은 전통적으로 종교적 맥락에서 비이원성을 주제로 이론화되었던 것과 논리적으로 같은 종류의 것입니다. 수많은 명상의 목적은 둘이 아니라 단 하나의 지점에 이르는 것입니다. 여러분이 지향하는 것이 동양식 명상이든 서양식 기도든 그것은 초월적 의식입니다. 이러한 패러다임은 늘 너무 어려운 것으로 여겨져 왔는데, 아마도 하나가 되려고 결합해 나가는 그 목적이 어려운 것이지, 그것 자체의 과정이 어렵기 때문은 아닐 것입니다.

　이런 비이원성의 상태에 대한 농담이 많이 있습니다. 명상 그룹을 이끄는 사람이 명상을 하고 있는 그룹 사람들에게, 아마도 비이원성의 상태에서, 이렇게 묻는 것입니다. "누가 초월적 의식 상태에 있는가? 손을 들어 보라." 그러니까, 그렇죠, 4-50퍼센트가 손을 듭니다. 그러자마자 그는 그 사람들을 내쫓아 버렸습니다. 왜냐하면 그 사람들이 그렇게 반응했다는 사실이 곧 비이원성의 상태가 아니라는 걸 보여주기 때문입니다. 그 사람들은 그가 말한 것과 자기들이 해야 할 일 사이에서 분열되어 있었던 것입니다.

　이것의 전통적 맥락을 보여줄 수 있는 또 다른 사례로, 캔터베리의 대주교 캐리에 관한 이야기가 있습니다. 그는 기자에게 얼마나 오랫동안 기도를 드리는지 질문을 받았습니다. 대주교는 "운이 좋으면 평범한 날에는 40에서 50초 정도입니다"라고 대답했습니다. 기자와 청중은 아연실색했습니다. 대주교라면 하루에 대여섯 시간은 기도해야 한다고 생각했기 때문입니다. 물론 대주교는 대여섯 시간 동안 기도하면서 비이원성의 의식 상태에 들어가려고 애썼지만 아주 짧은 순간에만 그럴 수 있었습니다. 우리가 날마다의 맥락에서 얼마나 일상적으로 그것에 도달하는지를 볼 때, 비이원성에 대한 이러한 생각은 좀 덜 신비스러워집니다.

　의식의 초월적 동일화에서 초월적 행위주체에 대한 개념으로 넘어가 봅시다. 이것은 어떤 행동에서든, 여러분의 행동에 대한 생각, 즉 여러분이 무엇을 하고 있는가에 대한 생각이 더이상 여러분이 하고 있는 그것과 구분되지 않는 시점이 나와야 한다는 것입니다. 사실 여러분이 가지고 있는 모든 생각은 여러분이 하고 있는 그것입니다. 예를 들어, 제가 오늘 저녁에 어떤 요리를 할까 생각할 수 있지만 어느 시점에 저는 그것을 실제로 해야 합니다. 다음번에 어떤 문장을 말할지 제가 생각해 볼 수도 있는데요, 어느 시점에서 저는 그것을 그저 해야 합니다. 그리고 제가 그것을 할 때는 더이상 생각이 없고 실체와 구분되는 관조도 없습니다. 그저 하는 것뿐입니다. 이러한 종류의 자연스러운 행동, 즉 비이원적 행동은 철학자들에게 기본 행동이라고 불렸으며,[10]

10　기본 행동은 다른 행동 양식을 위한 논리적 전제조건이다. 어떠한 사전 생각과도 매개되지 않은 채로, 또는 즉각적으로 그저, 자연스럽게 하는 것이다. 메타실재의 철학은 '자연스럽고 바른 행동SPONTANEOUS RIGHT-ACTION'이라는 개념에서 비이원적 메타실재와 연결된다.[Hartwig M, (2007), 행위주체, 《비판적 실재론 사전》, Routledge.] (여기에서 '자연스럽고 바른 행동'이란 한 사람의 생각과 행동이 자연의 모든 법칙과 완전히 일치하는 것을 뜻한다. [옮긴이])

서양의 분석철학에서는 그런 방식으로 주제화되었습니다. 다시 말씀드리지만, 그것은 철학적 의식에서 완전히 새로운 건 아닙니다. 다만 그것을 의식의 초월적 동일화, 주로 이원성에 대한 초월성과 결합시키는 주제가 나오지 않고 있을 뿐입니다.

우리가 일상적으로 익숙하게 여기는 초월성 가운데 세 번째 종류의 것은 초월적 전체론입니다. 초월적 전체론은 여러분이 오케스트라를 듣고 있을 때, 연주자들이 서로 완전한 조화, 완전한 통일 속에서 연주를 하고 있을 때 생겨납니다.

제가 레베카와 저녁 요리를 한다고 가정하면, 그녀는 습관적으로 하는 어떤 일을 할 것이고 저도 습관적으로 하는 어떤 일을 할 것입니다. 그렇게 우리가 저녁 요리를 하는 것으로 보일 것입니다. 그게 바로 저녁 요리를 하는 거죠, 하나가 되어서요.

여러분은 오늘 브라질에서 월드컵이 열린다는 사실을 알고 있을 겁니다.[11] 아마도 관심이 있다면, 선수들이 쉽게 다른 선수들에게 공을 패스하고, 경기장의 한쪽에서 다른 쪽으로 공을 패스하면서 골을 넣어 득점하는 것을 보았을 텐데요, 이것은 초월적 전체론의 예이기도 합니다. 거기에는 사회과학에서도 관심이 생길 만한 다른 종류의 예들도 있습니다.

가령, 분주한 거리에서 보행로에 사람이 굉장히 많을 때, 사고가 거의 나지 않고 서로 부딪히지 않는 이유는 무엇일까요? 우리가 전화 통화를 할 때 서로 말이 겹치는 일이 좀처럼 생기지 않

---

11 도널드와 내가 처음으로 이 책의 기초가 되는 온라인 강연에 대해 로이와 함께 논의하기 시작했던 2014년에, 우리는 브라질 월드컵 경기와 녹화 날짜가 충돌하지 않도록 해야 했다. 로이는 열렬한 축구 팬으로 맨체스터 유나이티드의 서포터로 잘 알려져 있었다. [편집자]

는 이유는 뭘까요? 이러한 것이 모두 초월적 전체론의 예입니다.

　네 번째 종류의 초월성은 초월적 자아입니다. 그것은 저를, 이 발표를 위해, 사회적 삶에서 차이보다 동일성이 먼저라는 두 번째 개념으로 데려갑니다.

　그것은 저를 자아 이론으로 이끕니다.

자아 이론

우리 모두가 자아에 대해 세 가지 개념을 갖고 있다는 이야기에서부터 시작하겠습니다. 우선 에고로서의 자아 개념이 있지요. 그것은 세계의 다른 모든 것들과 구분되고 분리된 무언가입니다. 그리고 에고로서의 자아 개념은 제가 생각하기에는요, 총체적 착각입니다. 그것은 거짓이지만 그럼에도 자본주의와 자본주의적 사회들에서는 핵심이 되는 개념입니다. 그 다음으로 체화된 인격으로서의 자아라는 개념이 있습니다. 지금 이러한 개념의 자아는 실재합니다. 다른 누구와도 분리되지 않는 방식으로, 여러분은 체화된 인격입니다.[12] 하지만 문제는 여러분의 자아로 간주되는 것이 상황에 따라 다르다는 것입니다. 여러분은 여러분의 반려동물을 여러분 자신의 일부로 생각하시나요? 아니면 여러분의 남편이나 아내는요? 여러분이 남성이고, 만일 차를 소유하고 있다면요, 그 차가 여러분 자아의 일부일까요? 아마도 그렇겠죠.

물론 우리가 나이를 먹고, 더 많이 배우고, 어떤 것들은 잊어버리게 되고, 인생 주기에 따라 키도 커졌다가 줄어들기 때문에, 자아는 대단히 가변적입니다. 요컨대, 우리는 상대적이고 맥락적으로 변화하는 자아의 개념에 대해 다루고 있는 것입니다.

자아에 대한 세 번째 개념이 있습니다. 제가 우리의 기저 상태라고 부르는 것입니다. 이것은 우리의 초월적으로 실재적인

---

12 [⋯] 체화된 인격(적어도 정신, 감정적 구성, 신체적 구현에 의해 이뤄지는 삼지적 구조) 그리고 초월적으로 실재적인 기저 상태.(Bhaskar, 2012b: Ix)

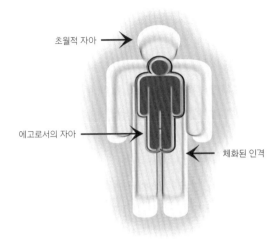

초월적 자아 →

에고로서의 자아 →

← 체화된 인격

그림 10. 자아 이론

자아입니다. 누군가는 흄이나 니체 같은 사람이 우리 방에 들어와서 멋지게 말해 준다면, 이 자아의 개념에 대한 이해를 시작할 수 있습니다. "당신은 내가 나 자신을 찾기 위해 온갖 곳을 찾아다녔다는 것을 알고 있다. 나는 당신에게 확언할 수 있는데, 자아란 존재하지 않는다." 그러면 여러분은 그들로부터 돌아서서 "(그렇다면) 누가 나에게 이런 말을 하고 있는 거지? 나에게 이런 말을 하고 있는 건 대체 누구야?"라고 말하겠지요. 이것이 바로 그들이 부인하고 있으나 그 행위에서 전제하고 있는 초월적 자아입니다. 물론, 그것은 논리적으로 건실한 논점이지만 누군가는 여러분이 이 개념을 어떻게 갖게 되고 또 어떻게 해야 도달할 수 있는지에 대해 좀 더 직관적 개념을 제공할 수 있습니다.

파편화된 자아의 개념, 즉 우리가 분열되어 있고, 우리가 원

하는 것 또는 하고자 하는 것을 결정하려고 할 때 우리 머릿속
에 대여섯 또는 예닐곱 개의 목소리가 있다는 것은 포스트 모더니
즘적 곤혹스러움의 특징일 것입니다. 그래서 사람들은 종종 저
에게 말합니다. "글쎄요, 제가 듣고 있는 예닐곱 개 목소리의 초
월적 자아는 무엇입니까?" 저는 그분들에게 초월적 자아란 청자
listener라고 말합니다. "좋아요, 당신은 예닐곱 개의 목소리를 듣고
있지만 청자는 단 한 명이지요. 그게 바로 당신입니다."

여러분이 청자라는 개념을 이해하게 되면, 여러분은 행위주
체로서 파편화되지 않은 자아, 강건하고 단일하며 통합된 자아
를 회복하거나 또는 회복을 향해 나아가는 과정을 시작할 수 있
다는 생각을 이해하게 됩니다.

좀 더 직관적으로, 아마도, 여러분은 여러분의 기저 상태를
멋진 날의 여러분이라고 말할 수 있겠습니다. 태양이 빛나고 있
을 때, 여러분은 모든 사람에게 완벽하게 매력적이고 관대하며,
세상은 여러분에게 미소 짓고 있으며 여러분을, 특별한 날의 여
러분을 확인하고 있습니다. 아니면 그것이 여러분의 고차적 자
아라고 생각할 수 있습니다. 여러분이 고차적 자아 안에 있을 때
무엇을 할 수 있을지에 대해, 그리고 우리가 그 안에 있는 것과
그렇지 않은 것의 의미에 대해서도 생각해 볼 수 있습니다.

여러분이 고차적 자아 안에 있지 않을 때, 즉 여러분의 기저
상태 안에 있지 않을 때에도, 물론 여러분의 기저 상태는 여전히
거기에 있겠지요. 그리고 여러분은 여전히 그 안에 있겠지만 다른
많은 것 안에도 있는 것입니다. 여러분이 자신의 에고 개념 안에
있거나 체화된 인격의 측면들 안에 있다는 것은, 그러니까 여러분

의 탐욕 또는 허영심 또는 질투심이 여러분의 기저 상태를 방해하고 있다는 것입니다.

따라서 이것은 메타실재가 동일성의 개념을 사실로 받아들이고 있다는 뜻입니다. 그것은 사회적 세계의 다른 모든 것의 기초이자, 우리의 기저 상태입니다.[13] 그렇게 발전한 형이상학에서 우리는 모든 사람이, 모든 존재가 기저 상태를 가지고 있다는 그림을 갖습니다. 여러분은 제가 우주적 외피라고 부르는 것에 의해 놓인 또는 연결된 만물의 기저 상태와 함께, 기저 상태 안에서 행복합니다. 우리는 위대한 시인 루미로부터 이것을 표현하는 문장을 얻을 수 있습니다.

"바람이 불면 숲의 나뭇가지는 모두 다른 몸짓을 보이지만,
흔들리면서도 그들은 하나의 뿌리에 연결되어 있다."[14]

그들은, 우리가 그런 것처럼, 기저 상태에서 연결되어 있는

13　이제 비이원성의 첫 번째 양상으로 이행한다. 기저 상태 그 자체는 물론 존재의 초월적으로 실재적인 자아이다. 따라서 우리는 초월적 자아의 개념을 갖는다. 이번에는 상황을 단순화하여, 인간의 초월적으로 실재적인 자아에 대한 예시를 들어보자. 기저 상태 또는 우주적 외피의 수준에서 우리는 초월적으로 실재적인 자아의 의식을 갖는다. 초월적 의식은 상식을 넘어서는 의식 수준이다. 이것은 기저 상태에 의한 또는 기저 상태의 의식이다. 이것은 의식적 활동을 지켜보는 의식으로, 원칙적으로 체화된 인격의 의식과 구분되며, 행위주체의 총체적 전체 장을 목격하거나 감시하며 감지한다.(Bhaskar, 2012b: 6)

14　이것은 우주에 대한 비유로 받아들여지며, 메타실재 철학의 다른 많은 것들과 함께, 심층 생태학과 매우 밀접한 관련이 있다. 메타실재의 주요 개념 대부분은 반-인간중심주의와 존재의 본래적 가치 개념을 포함하여, 점증적 과정으로서 자아실현을 강조한다. 당신의 것과 같은 개념화는 동양에 상당히 빚지고 있다.(Bhaskar in Bhaskar R & Hartwig M, 2010: 192)

것입니다.

동일성이 사회적 삶 속에서 차이보다 우선한다는, 또는 더욱 중요하다는 세 번째 개념은 사회적 존재의 깊은 내면과 관련이 있습니다. 그것은 모든 존재의 깊은 내면과 관련된 개념입니다. 여러분이 어떤 상태에 깊이 침잠하면 그 안에서, 힌두교의 전통에서 말하는 사트 치트 아난드Sat-Chit-Anand[15], 즉 뭔가 놀랍고 순수한 지복을 발견할 것이라고 신비가들은 주장해 왔습니다. 이는 기독교 전통에서는 아마도 조건 없는 사랑이라는 놀라운 의미일 것입니다.

불교 전통에서 여러분은 이것을 공空, 또는 수냐타Sunyata[16]라고 말할지도 모르겠습니다. 아니면 불성이라고 할 수도 있겠지요. 그래서 불교 승려들은 행주, 의자, 쥐와 같은 것들을 명상하면서 그것들의 깊은 내면에서 불성을 발견합니다. 사물의 깊은 내면에 대한 이러한 의미는 물론 우리가 끌어낼 수 있는 것이고 끌어내진 것을 볼 수 있는 무언가입니다.

가령, 간디가 영국에 대항하여 인도의 독립을 위한 투쟁을 이끌었을 때 그리고 영국군의 무자비한 공격에 인도인들이 줄줄이 학살당했을 때, 그는 사람들을 결속시켜 자기 존재의 깊은 내면을 바라보게 했습니다. 그저 표면적인 형식에 그치는 것이 아니

---

15   브라만Brahman(세계의 최고 원리)의 발견을 통해 드러나는 사트sat(순수 존재) 또는 궁극적인 존재, 시트cit/chit(순수 의식) 또는 순수한 의식, 그리고 아난다ananda(순수 기쁨) 또는 완벽한 지복으로 보는 실재. [편집자]

16   불교철학에서, 수냐타는 궁극적 실재를 구성하는 공voidness이다. 수냐타는 존재의 부정이 아니라 명백한 모든 실체들, 구분들, 그리고 이원성들로부터 벗어나는 분별 없음undifferentiation으로 간주된다. [편집자]

라, 평상시와 같이, 마음속 깊은 곳에 있는 사랑과 창조성의 원천을 바라보게 했습니다.

따라서 이 세 번째 개념은 관념이라기보다 정말로 경험해야 하는 의미로서, 초월적 철학의 논증으로 입증될 수 있습니다.

메타실재의 세계관이 제공하는 것은 기저 상태의 존재들이 분석의 매우 깊은 수준에서 우주적 외피[17]에 의해 연결된다는 것, 그리고 차이들이 생겨나는 좀 더 피상적인 비이원성의 세계를 유지한다는 것입니다. 이 이원성의 세계에서는, 특히 특정한 역사적 시기나 특정 상황 그리고 맥락에서, 에고에 의해 실증되는 것처럼 범주적 오류, 즉 여러분이 다른 모든 사람과 분리되고 구분될 수 있다는 생각이 지배적입니다.

상호의존

의식의 초월적 동일화

공동현존

표 8. 동일화의 기제들

17　의식의 초월적 동일화와 초월적 행위주체는 인간 생활의 필연적 특징이다. 우리가 어떤 것과도 초월적으로 동일시할 수 있다는 걸 아는 건 어렵지 않다. 이것은 우리의 초월적 동일화가 의식에서의 동등화equating이기 때문에 우주 전체도 암묵적으로 의식하고 있어야 함을 의미한다. (이것은 성향적 실재론에 의존한다.) 따라서 우리는 하나의 우주적 외피 안에 다 함께 결속되어 있다.(Bhaskar, 2012b: 339)

메타실재는 이원성의 세계에서 다른 사람 또는 다른 무언가와 함께 스스로를 만들어 가는 세 가지 주요 동일화의 기제를 사실로 받아들입니다. 첫 번째는 상호의존입니다. 제가 여러분에게 미소를 지으면 여러분도 저에게 다시 미소 지을 것입니다. 두 번째는 의식의 초월적 동일화로, 여러분이 말하는 것에 제가 완전히 몰두할 때 또는 그 반대의 경우에도 그렇습니다. 세 번째가 가장 급진적입니다. 이를 공동현존[18]이라고 부르는데요. 여러분이 사실상 저와 구분되지 않는다는 것을 제가 알게 되었을 때, 여러분은 실제로 무언가가 아니며, 저는 무언가와 상호의존적 관계를 맺지 않습니다. 저는 초월적으로 동일시할 수 있습니다. 사실상 여러분은 제 안에 있는 제 일부이며, 이것을 공동현존이라고 부릅니다. 공동현존은 상대방에게 상처를 주거나 해칠 수 없다는 매우 강력한 주장을 내놓습니다. 왜냐하면 상대방에게 상처를 주는 것은 사실상 여러분이 여러분 자신의 일부에 상처를 주거나 해치는 것이기 때문입니다. 동시에, 여러분이 자유로워지고 싶다면 여러분은 모든 이가 자유로워지기를 원해야 합니다. 여러분 안에 모든 이가 공동현존하기 때문입니다.

---

18 이것은 마치 의식이 모든 존재에 묵시적으로 감싸여 있는 것처럼, 모든 존재가 내 의식 안에 묵시적으로 감싸여 있음을 뜻한다. 이것은 진정 놀라운 결과이다. 서양 철학자 칸트가 무엇보다도 '내 위의 별이 빛나는 하늘'과 '내 안의 도덕률', 이 둘에 영감을 받았다는 사실을 기억할 것이다. 공동현존 이론에 따르면 별이 빛나는 하늘은 내 위에 있지만 우주의 다른 모든 것과 마찬가지로 내 안에도 있으며 내 안에 감싸여 있다. 나는 전체를 포함한다. 그러나 이 이론에서 외부성은 붕괴되지 않는다. 전체 세계가 내 안에 감싸여 있는 것처럼, 나는 전체 세계, 특히 세계의 모든 대상 안에 감싸여 있다.(Bhaskar, 2012b: 71)

네타실재의 철학은 변증법적 비판 실재론에서 자유의 변증법을 확장하는 매우 급진적 함의를 가지고 있습니다. 왜냐하면 여러분이 자신의 기저 상태와 일치하지 않는 체화된 인격의 요소를 가지고 있다면, 여러분의 의도성은 분열될 것이기 때문입니다. 만약 여러분이 자신의 기저 상태와 일치하지 않는 에고를 가지고 있거나 질투 또는 편견을 가지고 있다면, 여러분은 삶에서 여러분의 목표를 달성할 수 없을 것입니다. 사물을 바라보는 이러한 방식에 따르면 자아실현 외에 여러분이 달성할 수 있는 것은 아무것도 없으며, 그것은 여러분의 기저 상태와 하나되는 것을 의미합니다. 그리고 그것은 여러분이 실현할 수 있는 유일한 것, 즉 여러분이 삶에서 실현할 수 있는 유일한 목표입니다. 그것은 일종의 소극적인 자유의 이상을 제공합니다.[19]

기저 상태에 있을 때 여러분은 여러분의 목표 또는 그중 일부를 불일치 없이 실현할 수 있고, 여러분의 의도성은 분열되지 않습니다. 하지만, 여러분이 혹시 목표를 갖고 있을지라도, 그리고 여러분의 기저 상태가 분명히 목표, 가령 세계의 빈곤을 종식시키기 위한 목표를 갖고 있더라도, 그럼에도 여러분이 혼자 작업한다고 해서 이를 할 수 있는 것은 아닙니다.

여러분이 해야 할 일은 모든 사회적 존재의 4평면에서 작업하는 것입니다. 이제 여러분은 변증법적 비판 실재론의 목적이었던

---

19 두 번째 형식은 이사야 벌린의 소극적 자유(제약이 없는)로, 이는 자유로이 행동할 수 있게 하는 적극적 가능성과 같다.(Alderson P, 2013: 241)

적극적 행복[20]의 상태를 생산하기 위해 소극적 자유, 즉 가장 효율적이고 변형적인 변화의 행위주체로서 작업하게 될 것입니다. 이러한 목적을 성격화하는 몇 가지 방식을 떠올려 보죠. 그중 하나는 숭고한 공식에 관한 것이었습니다. 적극적 행복의 사회는 자유로운 발전, 즉 각자의 자유로운 번영이 모두의 자유로운 번영의 조건이 되는 사회입니다.

그리고 이것이 의미하는 바는 레베카의 번영, 또는 도널드의 자유로운 번영이 저 자신의 것만큼이나 저에게도 중요하다는 것입니다. 그것은 에고의 소유가 포함되지 않는다는 것으로, 도널드의 것과 분리되고 별개인 제 관심사를 갖는 것이 포함되지 않는다는 뜻입니다.

물론, 우리들 대부분, 그리고 우리 삶의 대부분 순간들은 이러한 목적으로부터 멀리 떨어져 있지만, 마르크스가 공산주의 사회에 관한 비전에서 그것을 공식화한 목적이 바로 이것이며, 대승불교의 불자들이 공식화한 목적도 바로 이것입니다.[21] 이것은 진정한 깨달음을 위해 필연적인 목적입니다. 이것은 단지 여러분 자신만이 아니라 모두가 실현해야 할 것입니다.

이 절을 끝내기 전에, 기저 상태의 특성에 대해 몇 가지 언급

20　당신이 당신의 다르마 속으로 완전히 들어가려면, 어느 누구든 어디서든 사람들이 각자 자신의 다르마 속에 있다는 원칙을 받아들이는 사회에서 살아야 할 것이다. 만약 당신이 그러한 사회에 있다면 그것은 적극적 행복의 사회, 즉 각자의 자유로운 발전이 모두의 자유로운 발전의 조건이 되는 사회일 것이다.(Bhaskar in Bhaskar R & Hartwig M, 2010: 20)

21　보살Bodhisattva의 서원은 대승불교의 불자들이 지각 있는 모든 존재를 위해 완전한 깨달음을 성취하는 것이었다. 서원을 한 이가 명목상 보살로 알려져 있는 것이다. [편집자]

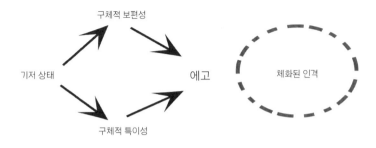

그림 11. 기저 상태로부터 체화된 인격의 분열

하고 싶습니다. 여러분은 그것을 감지하고 있습니다. 기저 상태의 속성이란 무엇입니까? 우리는 그것이 에고나 질투심 또는 편견이 아님을 알고 있습니다. 그렇다면 대체 그것은 무엇일까요? 1M에서 4D까지 MELD 도식에 따라 우리는 성격상 다른 종류의 특성들을 갖습니다. 1M에서는 의지, 의식, 에너지 등이고, 2E에서는 창조성과 관련된 모든 것입니다. 3L에서는 사랑이며, 4D에서는 자연스럽고 바른 행동입니다. 다음으로 5A에서는 약간 확장하자면, 여러분은 여러분의 의도성이 세계 속에서 반영되는 것을 볼 수 있는데, 이것이 바로 성공적인 성찰적 실천입니다. 따라서 이것은 여러분에게 기저 상태의 특성에 대한 느낌을 줄 것입니다.

1M	의지, 의식, 에너지
2E	창조성
3L	사랑
4D	바른 행동
5A	성찰적 실천

표 9. 기저 상태의 특성으로서 MELD

메타실재의 프리즘

잠시 휴식을 취하기 전에 제가 마지막으로 다루고 싶은 주제는 이 영역에 대해 동일화를 가능케 하는 사회적 존재론으로의 확장입니다. 메타실재의 프리즘을 통해 세계를 바라보고, 여러분 자신을 비이원적 상태와 동일시하며 인식할 수 있도록 한다면, 어떤 종류의 상업적 거래도 깊은 수준의 신뢰와 연대를 전제로 한다는 사실을 알게 됩니다.

제가 가판대에 가서 가디언지를 한 부 달라고 하고 지갑이나 호주머니에 손을 대지 않는다면, 점원은 제가 돈을 지불하지 않을 거라고 의심하며 신문을 넘겨주지 않을 것입니다. 사실 이 이야기는 모든 상거래의 형식입니다. 상거래는 모두 "당신이 대접받고 싶은 대로 남들에게 하라"[22]와 같은 황금률을 전제합니다.

사실상, 사람들이 실제로 전제하는 것은 대부분의 경우 백금률[23]이라고 불리는 방식과 관련이 있습니다. 왜냐하면 여러분은 제가 했던 대로 점원에게 하려 하지 않고, 점원이 원하는 대로 할 것이기

---

22 황금률이나 상호의존 법칙은 타인을 자기가 대접받고 싶은 대로 대하라는 원칙이다. 그것은 대다수의 인간적 종교, 인간적 문화, 그리고 동물의 왕국에서도 볼 수 있는 이타주의적 격언이다. [편집자]

23 추상적 보편성이 아니라 '변증법적 보편성과 구체적 특이성을 전제로 한다'는 의미로 해석된다. "당신이 대접받고 싶은 대로 하지 말고, 상대방이 원하는 방식으로 그를 대하라."(Bhaskar, 2012b: 344-5) 이 규칙이 세 신앙 간에 그리고 다른 모임들에서 백금률이라고 알려져 있다는 사실에 대해 주의를 환기시켜 준 런던 세 신앙 포럼Three Faiths Forum의 스티븐 샤슈아에게 감사드린다. [Hartwig M, 《왜 나는 비판적 실재론자인가》 (주석 28) in (Ed) Bhaskar R, Esbjorn-Hargens, S, Hedlund, N, Hartwig, M(2016)]

때문입니다. 그리고 특히, 제가 주장했던, 기저 상태에 따를 것이기 때문입니다. 단지 일상적 상거래를 하려고 여러분이 체화된 인격으로서의 기저 상태를 끌어오는 일은 아마도 없겠지만, 우리는 윤리적 이상으로서 기저 상태를 갖게 될 것입니다. 그러므로 이원성의 세계에서와 같은 사회적 삶의 성향은 실제로 기층, 즉 메타실재의 기층에 의해 유지됩니다.

이에 대해 짧게 짚고 넘어가겠습니다. 가사노동에 의해 원래대로 유지되는 상거래의 세계에 대해 이야기한다면, 그것은 명백해질 것입니다. 가사노동 영역에서, 우리는 자녀들과 도구적 행동을 하지 않습니다. 우리는 계약 또는 교환관계가 아니며, 우리가 갖춘 것 또는 갖추고자 애쓰는 것은 조건 없는 사랑입니다.[24]

다른 한편으로 여러분이 메타실재의 프리즘을 통해 전쟁과 같은 사회적 활동을 살펴본다면, 전쟁은 아주 많은 평화가 진행되지 않고는 일어날 수 없다는 사실을 알게 됩니다. 전선에서 병사들 간에 벌어지는 전투는 병사들에게 보급품을 공급하는 평화적 활동, 전쟁이라는 발상을 둘러싼 의식의 동원, 그리고 집에 있는 병사들의 형제자매와 아내의 애정 어린 지원 등 전쟁이 가능

24　메타실재의 철학에서 사랑은 중대한 역할을 한다. 바스카의 용어에서 '사랑'은 우주의 총체화하는 힘, 하나되게 하는 힘, 치유하는 힘이다. 그리고, 오로지 '우주'(하나로서의 우주)가 있다는 이유만으로, 그것은 존재의 가장 강력한 힘이다.(Bhaskar, 2012b: 175). 그러므로 사랑의 중심지는 본질적으로 바스카의 일반적 존재론에서 비이원성/통일성/동일성의 근본 역할과 연결되어 있다. [···] 인간의 사랑은 결코 다른 인간을 위한 사랑에 국한되지 않고, 자기 사랑에서 시작하여 모든 인간, 모든 존재, 끝내 우주적 외피까지 둘러싸기 위해 점점 커다란 원으로 퍼져 나가는 것이다. 모든 존재의 기저 상태는 서로 연관되어 있다.(Gunnarsson, L, 2014: 119)

하기 위해 반드시 벌어져야 할 수많은 일들의 평화를 전제로 하고 있습니다.

메타실재는 사회적 존재론 안에서 우리의 실재를 심화시키고 있습니다. 왜냐하면 우리는 보통 이러한 일들을 알아차리지 못하기 때문입니다. 그리고 여기에서 창조적 철학은 조수 역할을 하면서 마침내 더 나은 세상을 만드는 데 쓰일 수 있는 원천과 자기를 동일시합니다. 왜냐하면 여기에는 거대한 비대칭성이 있기 때문입니다. 만약 우리가 평화와 전쟁을 한 쌍으로 구성한다면, 우리는 전쟁 없는 사회, 평화뿐인 사회를 가질 수 있습니다.

아니, 저는 우리가 전쟁뿐인 사회, 즉 평화 없는 전쟁의 사회를 가질 수는 없다고 주장하려고 합니다. 그래서 거기에 존재론적 주장이 있는 것입니다. 메타실재의 수준은 더 심화되고, 지속되며, 우리가 대체로 알아차리는 수준이 되는 데 필수조건이 됩니다.

다음 절에서는 메타실재 철학의 응용 중 일부와 그 영향 중 일부를 살펴보겠습니다.

메타실재 철학의 응용

이제 메타실재 철학의 영향과 응용에 대해 말씀드리고 싶습니다. 먼저 두 가지 큰 주제인 근대성, 그리고 비교종교학과 영성에 대해 이야기하고, 다음으로 갈등 해결과 학습을 포함한 더 일상적인 주제로 넘어갈 것입니다.

메타실재에 관한 책[25]을 집필했을 때 저는 인도[26]에서 많은 작업을 하고 있었습니다. 저는 세계화와 세계화의 영향에 대해 이야기해 달라는 요청을 받았습니다. 또한 이론과 개념 들에 의해 주도되었던 의제의 맥락 속에서 어떤 의미에서는, 인도의 근대화에 대한 요청도 받았습니다. 어쩔 수 없이 저는 근대성 담론, 즉 근대성의 철학적 담론 이론을 진전시킬 수밖에 없었습니다. 이러한 이론과 근대성에 대한 이해에서 저는 그것이 다섯 단계로 성격화된다는 것을 알아차렸습니다. 근대성의 각 단계는 큰 역사적 변형 또는 잠재적 변형과 관련이 있습니다. 다섯 단계 각각에 대해 간략히 말씀드리겠습니다.[27]

---

25 2002,《과학에서 해방으로: 소외와 깨달음》, New Delhi, Thousand Oaks & London, Sage. 2002,《메타실재에 관한 성찰: 초월, 해방 그리고 일상생활》, New Delhi, Thousand Oaks & London, Sage. 2002,《메타실재의 철학 1권: 메타실재: 창조성, 사랑 그리고 자유》, New Delhi, Thousand Oaks & London, Sage. (메타실재에 관한 다른 많은 책이 계획되었지만 대부분 완성되지 못했다. [편집자])

26 그래서 인도는 당신이 경력 초기부터 진전시켜 온 근대성의 철학적 담론에 대한 비판의 모든 가닥을 체계적으로 한데 모으는 자극제 역할을 한다. 그러나 그것은 또한 당신이 전에 보지 못했던 것들을 보게 한다. 당신은 이제 훨씬 더 큰 그림을 그려야 할 필요성을 알게 되었다.(Hartwig in Bhaskar R & Hartwig M, 2010: 169)

27 더 자세한 논의는 Hartwig M(2011)의 《바스카의 근대성의 철학적 담론에 대한 비판》. https://goo.gl/GdRtA6 [편집자] (2021년 1월 15일 현재 접속 가능)

근대성 담론

물론 근대성은 두 가지 다른 큰 발전, 즉 유럽중심주의 그리고 자본주의와 밀접한 관련이 있습니다. 이 세 이데올로기는 거의 동시에 생겨났습니다. 경제학자라면 자본주의에 초점을 맞출 수 있겠지만, 철학자들을 위해서는 이러한 관념들에 대해 자본주의와 유럽중심주의의 맥락을 염두에 두고 근대성의 개념을 살펴보는 것이 편리합니다. 개념적으로 근대성의 특징은 원자론적 자기중심주의atomistic egocentricity와 추상적 보편성으로 이루어진 한 쌍입니다. 원자론적 자기중심주의는 주관적 극단에서와 같이 영속적 특성이 전혀 없는 에고를 내세우고, 나머지 세계를 구체적 보편성이 아닌 추상적 보편성의 관점에서 바라봅니다.

거기에는 제도의 측면에서 역사적 수준뿐만 아니라 개념 수준에서도 역사적 발전이 있었습니다. 그리고 상호작용하는 방식은 사회적 존재의 4평면 측면에서도 볼 수 있습니다. 개념적으로 근대성의 특징을 살펴보는 또 다른 방식은, 아마도 철학에서 가장 유명한 문장이라고 할 수 있는 데카르트의 "코기토, 에르고 숨Cogito, ergo sum", 즉 "나는 생각한다, 고로 나는 존재한다"입니다. 이것은 데카르트가 근대철학의 프로젝트를 공식화한 방법입니다. "나는 생각한다, 고로 나는 존재한다", 우리가 이것에 대해 생각할 때, 또 우리가 그것을 살펴볼 때, 우리는 근대성 담론의 특징적인 오류와 왜곡이 아주 분명하게 드러나는 것을 볼 수 있습니다.

그것은 사고가 존재에 선행한다는 것인데요. 인식론이 존재론보다 앞선다는 뜻입니다. 물론 이건 인식론적 오류입니다. 인간에게 감정이나 신체가 아니라 생각이 선행한다는, 즉 인간은 사고에 의해 대표된다는 것입니다. 그 다음으로 "나는 생각한다, 고로 나는 존재한다"는 우리가 나, 즉 에고의 우선성을, 에고를 태어나게 한 사회를 넘어서서 가지고 있다는 것입니다. 이는 에고의 탄생에 필수조건이었던 다른 사람들, 심지어 돌보고 키워 주는 부모보다 에고가 우선한다는 말입니다.

물론 더 일반적으로 개인주의는 사회과학에 대한 비판 실재론적 철학의 본질이 되는 원칙을 빼내 오고자 합니다. 여러분에게 사회가 없다면, 즉 사회구조가 없다면, 여러분은 '나'를 가질 수 없고 행위주체가 될 수 없습니다. 왜냐하면 말을 하고 싶어 하는 '나'는 언어를 사용해서 말할 수밖에 없는데, '나'는 언어를 창조할 수 없고 사람들이 재생산하고 변형한 것들을 받았을 뿐이기 때문입니다.

따라서 거기에는 아주 잘못된 개인주의가 있습니다. 개인을 다른 개인들을 넘어서서, 사회를 넘어서서, 그리고 물론 다른 종들을 넘어서서 앞세우는 것입니다. 이것은 전근대 세계와는 아주 다릅니다. 근대 이전 세계에서 농민들은 단층 집에서 살았지만, 소와 동물들도 같은 층에 살았습니다. 비유적으로 그들은 스스로를 아마도 광물부터 식물, 동물, 인간, 깨달음을 얻은 선구자, 천사에서 하느님 또는 신들에 이르기까지 쭉 뻗어 있는 존재의 사슬 중 일부로 보았을 것입니다.[28]

---

28 Arthur O. Lovejoy(1976), 《존재의 위대한 사슬: 생각의 역사에 대한 연구》, Harvard University Press. E. M. W Tilyard(1998), 《엘리자베스 시대의 세계》, Pimlico.

반면 데카르트, 그리고 근대성은 일반적으로 인간, 암묵적으로는 남성이 살아가는 세계를 개념화하고, 그가 마음대로 다룰 수 있는 대상이 있다고 합니다. 그 대상은 기계가 아니지만 여기에서 동물과 기계는 차이가 없습니다. 이것은 여러분에게 근대성에 대한 철학적 담론의 기원을 맛볼 수 있게 합니다.

이제 다섯 단계를 살펴보죠. 이 철학적 담론의 첫 번째 형태는 '근대성의 고전 담론'입니다. 이것은 영국의 내전(1642-1651, 청교도 혁명 [옮긴이])과 영국 혁명(1640-1660), 그리고 프랑스 혁명(1789), 미국의 독립선언(1776)과 관련이 있습니다.

이어서 근대성 담론의 다음 단계는 제가 《메타실재에 관한 성찰》[29]에서 충분히 짚어 본 '하이 모더니즘High Modernism'입니다. 이것은 마르셀 프루스트와 프로이트의 세계이고, 또한 마르크스와 수많은 중대한 사건들, 즉 실패했던 1848년의 혁명들, 19세기 말부터 1917년까지 이어졌던 러시아 혁명의 세계입니다.

근대성 및 근대성 담론의 세 번째 단계는 특별히 '근대화 이론'이라고 불리던 것과 관련이 있습니다. 이것은 1945년 파시즘의 패배, 1947년 인도의 독립과 분할, 1949년 중국 혁명의 여파로 생겨났습니다. 이와 관련된 저작으로 로스토의 성장 이론[30] 같은 것이 있습니다. 근대성의 역사가 일방적인 방식, 즉 단선적인 방식으로 발전했다는 생각입니다. 모든 사회가 결국 선도적인 국가가 있는 지점에 이르러야 한다는 것으로, 물론 20세기의

---

29 Bhaskar(2012c)의 1장 '비판적 실재론: 모더니즘과 포스트 모더니즘을 넘어서' 및 Bhaskar(2016: 177-184)를 참고하라.

30 W.W. Rostow(1990), 《경제성장의 단계들: 비공산주의 선언》

선도국은 미국이었습니다. 이것은 여전히 근대성 담론에서 문제가 되는 단계이자 시기입니다.

네 번째 단계는 '포스트 모더니즘'입니다. 저는 이것을 대단히 중요한 근대성 담론의 한 형태로 봅니다. 포스트 모더니즘은 1968년의 사건들과 관련이 있습니다. 이것은 학생들과 청년들의 저항, 즉 신사회 운동과 밀접하게 관련됩니다.

다음으로 다섯 번째 담론 형태는 제가 '부르주아 승리주의'라고 일컫는 것입니다. 이것은 1989-1991년 소련 및 소련 연맹의 패배 또는 몰락과 관련이 있습니다. 이제 서구사회의 우월성이 분명히 확립되었고, 어떤 종류의 큰 변화도 더이상 필요치 않다는 생각입니다. 이것은 후쿠야마[31]의 교리인데요. 그는 이것이 헤겔이 예견했고 당시 프로이센에서 사실상 이루어졌다고 주장하기도 했던 역사의 종말과 일치한다고 주장하여 반향을 일으켰습니다. 물론 우리는 알고 있습니다. 종말에 관한 그런 주장들은 모두 틀렸습니다. 왜냐하면 2001년 9월 11일 테러와의 전쟁이 발발했고, 2007-08년 매우 심각한 경제적 금융 위기가 있었기 때문입니다. 이 모든 것은 어쩌면 우리가 새로운 다극성으로 성격화될 여섯 번째 단계로 진입하고 있음을 암시하는 것일지도 모릅니다.

1989년부터 10여 년간 초강대 패권국으로 미국이 있었고, 브라질, 러시아, 인도, 중국 등 이른바 BRIC 국가들과 다른 신흥 세력의 중심지들이 새롭게 부상하면서 개발 및 조직의 다양한 모델과 대립 세력들이 상당수 존재했습니다. 예를 들어, 사회주의가 유럽에서는 궁지에 몰렸을 수 있지만 라틴 아메리카에서는 강력하게

31　Francis Fukuyama(1992),《역사의 종말과 최후의 인간》

발전하는 사회주의 형태가 있었습니다.

　어쩌면 비판적 실재론은 근대성 담론에 대한 비판으로부터 발전해 왔다고 할 수 있습니다. 근대성이 우리에게 매우 중요한 한 가지를 주었기 때문에, 우리는 이것이 단지 일탈이나 잘못된 발전이 아니라고 주장합니다. 그것은 바로 구체적 특이성, 즉 개별적 자아입니다. 이는 물론 비판적 실재론이 비판하고 대체하기를 원하는, 수많은 억압적 발전을 초래했던 근대성의 진정한 이익입니다. 비판적 실재론과 메타실재 철학의 발전에서 최근의 단계와 관련하여 대략적인 철학적 맥락을 살펴보았습니다.

고전적 근대성
영국의 내전(1640-1660), 미국의 독립선언(1776),
프랑스 혁명(1789)과 관련된 혁명적 시기

하이 모더니즘
1848년의 유럽, 1917년의 러시아와 관련된 혁명적 시기

근대화 이론
1945년(2차 세계대전의 종결과 파시즘의 패배),
1947년(인도의 독립과 분할), 1949년(중국 혁명)과 관련된 시기

포스트 모더니즘
'신사회 운동'의 부상과 함께,
1968년과 1970년대 초반의 사건들

부르주아 승리주의
1989-1991년(소련식 공산주의의 붕괴),
자본주의적 세계화와 관련된 대변동

5.1 9/11(2001)까지 지속된 세계화

5.2 2007-08년의 신용 경색과 함께 '테러와의 전쟁'의 종결

5.3 세계적 다극성(BRIC 국가들의 가속화된 부상과 관련하여),
    심화되고 연쇄적인 위기

표 10. 근대성 담론의 5단계

성 삼위일체[32]와 생태학

메타실재가 발전하기 직전에 저는 《동양에서 서양으로》[33]를 썼습니다. 이 책은 종교적인 주제와 영성에 대해 이야기함으로써 제 동료 비판적 실재론자들 대부분을 분개하게 만들었습니다.[34] 메타실재의 철학은 세속적이지만 《동양에서 서양으로》에서, 즉 초월적 변증법적 비판 실재론에서 확립된 것 중 일부를 지속합니다. 종교에 대해 잠깐 이야기하고 싶습니다. 종교가 하는 일은 제가 기본적 비판 실재론의 성 삼위일체라고 일컫는 것을 가져옵니다.

그것은 종교, 특히 비교종교학에 관한 논의의 맥락에 놓여 있습니다. 우리는 서로 다른 종교를 서로 다른 방식으로 절대자를 성격화하려는 시도로 볼 수 있습니다. 물론 기독교, 가톨릭, 개신교 등 특정 종교에 대한 서로 다른 해석은, 예수 그리스도에 의해 시작된 전통에 관한 서로 다른 해석입니다. 따라서 이러한 틀 framework은 이제 종교와 종교 교육을 이해하는 데 꽤 널리 받아들여지고 있으며, 저는 이것이 매우 긍정적인 이득이라고 생각합니다.[35]

저는 종교로부터 영성을 구분해 내기 위해 애를 썼습니다. 영성을 종교 프로젝트뿐만 아니라 위대한 모든 해방 프로젝트의

---

32 흥미롭게도 윌킨슨Wilkinson M(2015)은 지나치게 기독교 중심적 용어인
    '성 삼위일체'를 사용하는 것보다 '비판적 실재론의 주춧돌'이라는 용어가 더
    적절하다고 제안한다. [편집자]

33 Bhaskar(2015, 2판), 《동양에서 서양으로: 영혼의 모험》, Routledge.

34 Creaven S(2009)를 참고하라.

35 Archer M, Collier A, Douglas, Porpora D(2004) 및 Wilkinson M(2015)

존재론적 실재성

인식론적 상대성　　　　　　　　판단적 합리성

그림 12. 성 삼위일체 / 비판적 실재론의 주춧돌

특성으로 보았지요. 그러다가 메타실재에 관한 책을 쓸 무렵 저는 그것을 일상생활의 특성이라고 보았습니다. 메타실재의 이러한 수준은 우리의 사회적 존재론 안에 있는 영성의 수준이었습니다. 이에 대해 더 많은 것을 이야기할 충분한 시간은 없지만, 이제 자유의 변증법[36]의 확장과 사회적 존재론의 심화에 대해 다루었던 첫 번째 절의 마지막 지점을 계속 이어서 하려고 합니다. 우리는 메타실재가 오늘날 사회적 존재의 4평면이 처한 모든 위기에 대해 무엇을 말해야 하는지, 그래서 메타실재가 어떤 종류의 자원을 가져다줄 수 있는지를 간단히 생각해 볼 수 있습니다.

여러분이 사회구조의 수준을 취한다면, 네 가지 평면을 떠올려 보세요. 자연과의 물적 거래, 사람들 간의 사회적 상호작용, 사회

36　자유의 변증법은 모두를 동등하게 대하고(보편적 인간성 성찰), 모두를 다르게 대하며(각각의 특이성 성찰), 양쪽 모두를 성찰하는, 즉 적극적 행복으로 가는 길을 따른다. 따라서 최종 상태는 각자가 충만한 자유 안에 있는 것, 즉 특이성을 성찰하는 것이 모두의 충만한 자유를 위한 조건이 되는 것, 즉 평등을 성찰하는 것이다.(Norrie A, 2010: 222)

구조, 그리고 체화된 인격의 층화입니다.

사회구조에서 먼저, 경제위기를 살펴보겠습니다. 우리에게 는 재정 및 금융 위기가 있습니다. 일이 벌어지기 위해 필요한 것 은 돈이고, 금융 구조가 사람들이 가치 있게 여기는 상품과 서비 스를 생산하는, 우리가 실물경제라고 부르는 것 안에 재편입되 어야 한다고 주장할 수 있습니다. 그러한 실물경제는 그것의 사 회적 전제들 안에 재편입되어야 하며, 사회구조 안에 재편입되 고 민주화되어야 합니다. 나아가 그러한 사회, 그리고 사회 정치 적 구조는 그것을 뒷받침하는 영성 안에 재편입되어야 합니다. 그래서 이것은 기저 상태와 메타실재의 수준으로 내려가는 놀라 운 비전을 우리에게 줍니다. 사회구조의 수준에서 우리가 하고 자 하는 방식으로 문제를 다루는 데에서 말입니다.

또 다른 커다란 위기의 원천인 생태계를 자연과의 물적 거래 수준에서 본다면, 우리에게 필요한 것은 기후 전체의 관점에서 성장의 축소, 즉 탈성장,[37] 그리고 소득의 급진적 재분배와 결합 된 탈성장입니다. 이 점은 전적으로 논쟁의 여지가 없다고 생각 합니다. 사실, 물적 소득의 실제 기준이 하락할 때 고통을 겪게 될 사람은 아마도 부자들일 것입니다. 이러한 탈성장의 조합, 탈 성장에 대한 개념은 사회적 삶의 단순화라는 개념과 관련이 있 을 것입니다

우리는 우리가 하지 않고 있는 모든 것에 대해 생각할 수 있 습니다. 생각해 보면, 저는 호주와 미국에 있는 제 친구들 중 몇몇

---

37 탈성장에 대한 자세한 내용은 다음을 참고하라. Bhaskar R, Naess P, Høyer K(2011) '14장: 생태철학에서 탈성장으로' [편집자]

이 이 강의를 듣고 있다는 것을 압니다. 그리고 몇몇은 우리가 2주 뒤에 개최하는 학회에 올 것이고,[38] 그건 정말 대단한 일입니다. 그런데 그러한 경험을 위해 우리가 실제로 호주에 가는 게 필요할까요? 우리는 그것을 영화로도, 비디오로도 볼 수 있습니다. 우리는 호주 친구들과 전화로, 스카이프로 이야기를 나눌 수 있습니다. 우리는 또한 그것이 어떠할지 상상하고, 창조적으로 시각화할 수도 있습니다.

　우리가 직접 그랜드캐니언에 갈 필요가 있을까요? 제 생각에는 그렇지 않습니다. 우리가 할 일은 우리가 계발하기를 게을리했던 창조적 시각화와 의사소통 능력을 계발하는 것이라고 생각합니다. 이것은 일종의 내적 성장, 단순화 그리고 벗어나기일 것입니다. 이것들은 메타실재가 제시하는 자아의 기본 모델과 관련될 것입니다. 왜냐하면 메타실재는 여러분이 여러분 자신과는 급진적으로 다른 무언가가 되어야 한다고 말하지 않기 때문입니다. 메타실재는 여러분이 있는 그대로 여러분이며, 있는 그대로의 여러분은 위대하다고 말합니다.[39] 그러나 여러분은 또한 다른 수많은 것입니다. 그리고 그것은 여러분이 벗어나야 하는 것들입니다.

38　실시간 방송의 목적 중 하나는 2014년 여름 런던에서 개최하는 '2014 국제 비판적 실재론 학회'를 홍보하는 것이었다. [편집자]

39　[…] 궁극적으로 인간은 훌륭하다. 전적으로 훌륭하다. 그들에게 잘못이란 없으며, 그들은 아름답다. 개성에서도, 특히 두 사람이 있다고 하면 둘의 개성은 같지 않다. 우리 모두는 독특한 다르마를 갖는다. 우리는 모두 매우 특별하다. 우리는 모두 전적으로 훌륭하다. 어떤 이들은 심지어 우리 모두가 이미 깨달았다고 말한다. 우리가 깨달았다는 것을 깨닫지 못하게 막는 것은 오로지 우리가 그 위에 가지고 있는 이러한 혼돈mess일 뿐이다.(Bhaskar in Scott D, 2015: 50)

제 말은, 물론, 이것이 문화적으로 실행에 옮기기가 대단히 어려울 수 있다는 뜻입니다. 이러한 체제regime에 대한 벗어나기[40]와 탈성장 말입니다. 물론 우리는 그것이 훨씬 더 평등주의적 방향으로 자원, 부, 기회의 거대한 재분배와 함께 일어나야 한다고 주장할 따름입니다.

간략하게, 상호작용의 면에서 메타실재에 대해 살펴보자면, 그렇죠, 우리는 이해를 합니다, 우리는 타인을 이해해야 합니다. 하지만 물론 우리는 공감을 실천함으로써 타인에 대한 이해를 심화시킬 수 있습니다. 그것은 갈등 해결에 대해 이야기할 때 다루겠습니다.

다음으로 체화된 인격의 층화가 있습니다. 여기에서 우리가 추구하는 것은 통합의 새로운 수준과 형태입니다. 이러한 통합은 기저 상태를 자아의 중심에 두고, 기저 상태 아닌 모든 것을 점진적으로 제거할 수 있도록 하며, 따라서 우리는 우리 자신의 행복과 모두의 행복을 위해 좀 더 유능한 행위주체가 되어야 합니다.

---

40 따라서 우리가 여기에서 관심을 갖는 것은 세계에서 우리가 행하는 변형적 실천, 즉 변형시키는 방식에 대한 명확한 표현이다. 이것은 우리가 '내적 작업innerwork'이라고 부를 수 있는 프로그램을 시작하기 위한 것으로, 물리적인 외적 작업work-out이라는 익숙한 개념과는 구분되지만 또한 이를 포함하는 작업이다.(Bhaskar, 2012b: 153)

갈등 해결과 평화

갈등 해결과 평화에 대해 뭔가 중요한 것을 말씀드리고 싶습니다. 메타실재는 두 가지 공리 또는 원칙을 내세웁니다. 첫 번째는 **보편적 연대**의 원칙으로, 이것은 누구나 원칙적으로 타인을 이해할 수 있다는 것입니다. 두 번째 원칙은 **축적 합리성**[41]으로, 사람들 간의 갈등과 관련하여 거기에는 언제나 우리가 도달할 수 있는 최상의 해결책이 있다는 것입니다. 보편적 연대의 원칙에 약간의 동기를 부여해 보겠습니다.

41　(아직 완전히 출간되지 않은 나의 최근 작업에서) [이 작업은 '이해, 평화 그리고 안보'라고 불린다] 나는 갈등, 특히 과학적(학문적, 전문적)이고 문화적인 또는 도덕적 공약불가능성을 수반하는 것으로 보이는 갈등을 합리적으로 해결하려 할 때 호소할 수 있는 원칙 또는 전제로서 축적 합리성이 보편적 연대와 나란히 서 있다고 주장한다. 어디에서든 사람들은 요리, 자동차 운전, 총기류 취급법, 컴퓨터 사용법 등을 배운다. 이것은 실수를 판별하고 수정하는 우리의 능력에 달려 있는 학습이다. 이로부터 우리는 비판과 자기 비판의 기본적 보편 원칙을 도출해 낼 수 있다. 그것이 보편적 연대의 전제와 결합할 때, 우리가 원칙적으로 다른 어떤 사람과도 동일시할 수 있다고 말하는 것이다. 이것은 우리가 그들일 수 있다는 사실에 의해, 동기가부여될 수 있고 초월적으로 확립될 수 있다는 원칙이다. 그것은 우리에게 판단적 합리성의 기본적 비판 실재론적 정리theorem를 수행하기 위한 수단organon과 절차를 제공한다. 그런데, 실천적인 질서로부터 나온 이러한 기초는, 학습되며, 항상 역사적으로 관련성이 있고 변하기 쉬운 사회적 맥락에 있다. 그것은 타동적이어서 항상 사회적으로, 문화적으로 조건화되고 맥락화되며 매개된다. '근본주의'가 낄 틈이 없는 것이다. 뿐만 아니라, 나는 다음과 같이 주장한다. 비록 우리가 무한한 가능성의 세계에서 어떤 타고난 능력과 무한한 가능성을 가지고 태어나더라도, 우리는 언제나 이 세계에 구체적으로 특이한 자질을 가지고 오며, 구체적으로 특이한 환경, 즉 우리를 제약하는 동시에 이러한 제약을 초월할 수 있는 능력과 환경을 가지고 온다는 것이다. 더욱이 우리는 우리의 육체적 생존과 실천적 기술의 습득을 위한 맥락에 의존하는, 의존적이고 궁핍한 존재로 태어난다. […]
(Bhaskar in Bhaskar R & Hartwig M, 2010: 80)

보편적 연대

이것이 말하는 것은 여러분이 다른 누군가를 격렬히 반대하거나 싫어하더라도 원칙적으로 그를 이해할 수 있다는 것입니다. 생각해 보세요. 만약 여러분에게 적이 있다면요, 그 적과의 관계 속에서 여러분이 최선의 방법으로 살아가기 위해 필요한 것, 즉 여러분이 필요로 하는 것은, 지성으로 그 사람에 대한 정보를 갖는 것입니다. 여러분은 그가 무슨 생각을 하고 있고, 무엇을 계획하고 있으며, 뭘 하고 있는지를 알 수 있습니다. 따라서, 제2차세계대전에서 동맹국들이 승리할 수 있었던 것은 틀림없이, 그들의 탁월한 지성 덕분이었습니다. 히틀러가 하는 모든 일을 여러분이 완전히 혐오한다 하더라도 원칙적으로 히틀러를 이해할 수 있어야 합니다. 사실 히틀러를 이해하는 것은 전략적으로나 전술적으로 그를 다루는 가장 좋은 방법이 될 것입니다. 따라서 우리는 테러리스트를 악마화하고 체념해서는 안 됩니다. 우리가 해야 할 일은 그들을 이해하고, 그들이 왜 테러리스트인지, 왜 그들이 그렇게 느끼는지를 이해하는 것입니다. 이것이 바로 사회과학의 원칙입니다.

물론 우리는 다른 많은 사람들, 특히 우리 자신과 다른 규범을 가진 다른 문화권의 사람들을 이해하기가 매우 어렵다는 것을 압니다. 따라서 그것이 정당하다는 것을 사고 실험을 통해 보여 드리고자 합니다. 제가 하려는 것은 여러분이 태어났던 날로 여러분의 생각을 되돌리는 것입니다. 상상해 보세요, 그날 전에 여러분의 부모님은 영국에서, 또는 뉴잉글랜드나 캘리포니아,

뉴사우스웨일스에서 이주를 했습니다. 어딘가에서 여러분은 태어났겠지요. 아주 다른 장소, 사우디아라비아나 일본 같은 곳에서 태어났다면 여러분은 굉장히 다른 사람으로 자랐을 것입니다. 지금 영어로 말하는 것처럼 별 어려움 없이 다른 언어로 말할 것입니다. 다른 옷을 입고, 다른 놀이를 하고, 수많은 다른 믿음을 가지고 있겠지요. 그리고 합리적 주장이나 설득의 과정으로 지금과 정확히 똑같은 믿음에 이르렀다고 하더라도 여러분은 아주 다른 경로를 통해 그것에 도달했을 것입니다. 제가 이 실험을 제안하는 것은 우리가 우리와 매우 다른 사람들과 하나가 될 수 있다는 사실을 증명하기 위해서입니다. 우리 자신과 매우 다른 사람들 말입니다. 우리는 타인과 하나가 될 수 있습니다. 그것이 바로 보편적 연대입니다.

축적 합리성

축적 합리성은 우리 모두가 객관적 물질 세계에 살고 있다는 것을 깨달음으로써 확립 또는 정당화되기 시작합니다. 우리 모두에게는 생존하기 위해 해야 할 어떤 일들이 있습니다. 우리는 요리를 해야 하고, 아이들을 먹여야 합니다. 아이들은 자라서 컴퓨터 사용법과 이메일 보내는 법을 배우겠지만 소총과 권총 사용법도 배울 수 있겠지요. 그것은 정말 놀라운 일입니다. 여러분은 소총을 쏠 수 없거나 이메일을 사용할 수 없는 사회를 갖고 있지 않습니다. 이러한 것들이 분명치는 않습니다만, 제가 주장하는 것은 모든 사회에 비판과 자기 교정을 포함한 학습 과정이 있어

야 한다는 것입니다. 그것은 모든 사회에 존재해야 합니다. 그리
고 그것은 여러분이 자기 비판을 하거나 여러분 자신의 사회를
비판하고 변형적으로 발전시킬 수 있는 원천이 되어 줍니다. 이
두 가지 원칙은 갈등 해결에서 매우 중요합니다.[42]

여러분이 갈등을 겪고 있는 사람에 대해 이해해야 할 가장 중
요한 점은, 그들이 여러분과 굉장히 비슷한, 인간이라는 점입니
다. 그래서 군사적 갈등, 즉 전쟁의 경우 "제리Jerry"[43] 또는 "군바
리Uniform" 또는 "개구리Frog"[44] 같이 비인간적인 이름을 붙여 상대
방과 싸웠습니다. 왜냐하면 그들이 여러분과 같은 인간이라는 진
실을 받아들이기가 어떤 면에서는 너무나 끔찍했기 때문입니다.

평화 협상으로 나아가기 위해 가장 먼저 해야 할 일은 상대방
을 자기 자신처럼 이해하는 것입니다. 그러면 결국 여러분은 어
떤 상황 또는 관계에서도 상대방과 여러분 자신을 이해할 것입
니다. 공동의 프로젝트에 관한 초월적 동일화 작업으로 말입니
다. 궁극적으로 여러분은 상대방을 실제로 여러분 자신의 일부

---

42 우리가 통일이 왜 분열보다 기본적이고 사회적 삶에 더 중요한지에 대한 주
    장을 제시할 수 있다면, 비판 실재론적 철학 프로젝트의 현재 주제인 갈등
    해결을 위한 논리 같은 것을 기대해 볼 수 있기 때문에, 축적 합리성을 추구
    하는 것은 중요하다. 이런 방식으로, 메타실재의 철학은 갈등 해결을 위한
    논리를 갖는다고 주장한다. 이것은 근본적으로 적대감을 해결하기 위한
    논리이다. 이러한 주장은 우리 인간 종이 다른 동료 인간들을 동일시하는
    두 가지 원칙 또는 초월적 능력이라는 개념을 강조한다. 그것은 '힘1: 보편
    적 연대'와 '힘2: 축적 합리성'을 기초로 하여, 다른 이들과 동일시하고, 인
    식하며, 화해한다.(Nunez I, 2013: 95)

43 독일놈. 1,2차 세계대전 중 독일인을 모욕적으로 칭하던 말. [옮긴이]

44 프랑스놈. 개구리를 식용으로 한다고 해서, 또는 발음이 개구리 울음 같다
    고 해서 프랑스인을 모욕적으로 부르는 말. [옮긴이]

로 보게 될 것입니다.

　마침내 여러분은 상대방을 알게 될 것이고, 상대방에 대한 여러분의 경험을 여러분이 계발시키지 못한 여러분 자신의 일부, 여러분이 인식하지 못한 여러분 자신의 일부로서 돌아볼 수 있을 것입니다. 그리고 그것은 여러분 자신과 여러분의 상대에게 엄청난 해방과 탈소외의 순간이 될 것입니다.[45]

45　우리는 상대방과 어쩔 수 없이 합의를 한다거나 영구적으로 상대방이 되기 위해서가 아니라, 상대방이라는 것을 없애기 위해 상대방과 하나가 된다. 그래서 우리는 우리 자신의 해방에 관한 장애물, 제약, 억제가 무엇인지, 모든 곳에서 모든 사람, 모든 존재에 대한 장애물, 제약, 억제란 무엇인지를 이해해야 한다. 우리는 그들과 하나가 되어야 한다. 우리는 그들, 즉 이러한 장애물, 제약, 세력을 없애기 위해 그들을 완전히 이해해야 한다. 이것은 영적 존재가 전사이기도 하다는 것, 그러나 그 자신과 평화롭게 지내는 전사라는 것을 의미한다.(Bhaskar, 2011: 315)

학습[46]

학습의 경우, 이것은 정말 흥미롭습니다. 우선 학습을 해방과 연관시켜 보겠습니다. 거기에는 이해해야 할 매우 중요한 무언가가 있습니다. 바로 여러분이 어느 누구도 해방시킬 수 없다는 사실입니다. 결론적으로, 해방은 언제나 자기 해방입니다. 여러분이 감옥에 가서 감방 문을 모두 열어 줄 수는 있겠지만, 결국에는 수감자가 나와야 합니다. 물론 여러분은 그 해방의 과정을 도울 수 있습니다. 하지만 마지막 단계는 해방되려고 하는 사람 또는 해방될 사람이 해내야 합니다.[47]

정확히 같은 방식으로, 저는 여러분이 여러분 자신을 제외하고는 어느 누구도 가르칠 수 없다고 말할 수 있습니다. 제가 화이트보드나 칠판에 어떤 논리적 정리定理를 판서할 수 있겠지요. 그것은 다음과 같은 것을 증명하고자 시도하는 것입니다. 만일 P가 Q를 의미하고, 여러분이 P와 Q를 갖고 있다면, 여러분은 'P이면

---

46 데이비드 스콧 교수의 저서를 적극 추천하고 싶다. "이 책은 매우 특이한 형식을 갖는다. 첫 장과 마지막 장에는 로이와 했던 두 번의 인터뷰 녹취록과 우리가 공동으로 작업한 연구 제안서, 그리고 로이가 2002년 인도에서 특별히 교육에 대해 다루었던 강연 녹취록을 담았다. 원래 의도는 이 책의 주요 부분을 로이와의 긴 인터뷰 네 번으로 구성하는 것이었지만, 인터뷰가 완료되기 전에 그가 세상을 떠났다." Scott D(2015), Roy Bhaskar:《로이 바스카, 비판적 실재론과 교육을 말하다》, Springer. [편집자]

47 내가 말하고 싶은 것은 교육 프로젝트와 깨달음 프로젝트, 그리고 보편적 자아실현 프로젝트가 동일하다는 것, 또는 모두 한 가지 문제로 방향을 돌린다는 것이다. 이러한 방향 전환은 타율성을 제거하는 것으로서, 본질적으로 당신이 아닌 모든 것을 제거하는 것이다. 그리고 본질적으로 당신은 당신이 아닌 모든 것을 제거하는 과정에서 자연스럽게 본질적으로 다른 모든 사람이 아닌 모든 것을 없애기 위해 노력할 것이다.(Bhaskar, 2011: 305)

Q이다(if P then Q)'라고 말할 수 있습니다. 그러나 여러분이 그것을 이해하지 못한다면, 즉 그것이 어떻게 작동하는지 알지 못한다면, 물론 그것은 전적으로 무용한 것입니다. 저는 또 다른 논리적 정리를 판서할 수 있습니다. 만약 여러분이 그것을 이해하지 못한다면, 그것은 비트겐슈타인이 말한 것과 같습니다. "수학이 다가와 당신의 멱살을 움켜잡을 수 없다. 당신이 그것을 이해해야 한다." 거기에는 "유레카!"가 있어야 하고, "아하!"의 순간이 있어야 합니다. 그것이 바로 교육자, 교사가 항상 지향하고 노력하는 것입니다.[48]

자, 만일 여러분이 무언가에 대한 전형적인 학습을 본다면요, 그것이 프랑스어와 같은 언어든 자전거를 타는 것과 같은 기술이든, 여러분은 다양한 단계를 파악할 수 있습니다.[49] 첫 번째 단

---

48 당신은 예시를 들어 말해야 한다. P가 Q를 의미할 때, P이고 Q이고, P이므로(왜냐하면 P가 Q를 의미하고, P이면 Q이기 때문에) Q이다. 이게 도움이 되는가? 그래서 이것의 조건은 무엇인가? 그것은 이상한 조건이다. 조건은 사람들이 이미 알고 있어야 한다는 뜻이다. 왜냐하면 그것이 내부로부터 오는 것이라면 사람들은 이미 지식을 갖고 있어야 한다는 것 때문인데, 이건 사실 모든 교육이 회상anamnesis이라는 플라톤의 이론과 다르지 않다. 당신이 하고 있는 것은 사람들 안에 내재된, 내포된, 잠재되어 있는 무언가를 끄집어내는 것이다. 당신은 그것을 실현하고 있고, 그것을 드러내고 있지만, 그것이 거기에 있지 않았던들, 당신은 그 "아!", "알겠어!"를 가질 수 없었다. 그것은 학생들이 교사가 말하려고 하는 것을 이해할 때 따라온다. 따라서 자기지시성self-referentiality의 관점이 갖는 탁월함은 해방을 위해서뿐 아니라 오늘날 우리의 주요 주제인 교육에서도 전적으로 중요하다.(Bhaskar, 2012a: 302)

49 2016년 5월에 나는 런던대학교 교육연구소의 비판적 실재론 독서 모임에서 교육, 창조성, 그리고 메타실재에 관한 발표를 했다. 이 발표에서 나는 로이가 이 절에서 다루는 내용을 더 자세히 살펴보았다. https://goo.gl/WipMO4 에서 내용을 확인할 수 있다. [편집자] (2021년 1월 15일 현재 접속 가능)

계는 여러분이 그것을 할 수 없을 때인데요. 자전거를 탄다면 넘어지는 거겠지요. 그런 다음 "아하!"가 옵니다. 자전거를 잠깐 탈 수 있을 때, 또는 프랑스어를 한두 문장 말할 수 있을 때입니다.

그런 다음 여러분이 계속 자전거 타는 법을 배우고 있을 때 또는 다른 조건에서 타는 법을 배울 때, 아니면 그것이 자동차여서 다시 운전하는 법을 배우고 있을 때 흥미로운 단계가 찾아옵니다. 후진할 때 어느 방향으로 핸들을 돌려야 하는지, 언덕길을 오를 때는 어떻게 해야 하는지, 그리고 빙판길일 때는 무엇을 해야 하는지 등을 여러분은 배웁니다. 그러면 마침내 그것을 그냥 할 수 있는 마법과 같은 시점에 이르게 되지요. 이러한 메타실재의 전체 과정은 감추어진 것을 펼쳐 내는 것unfolding the enfolded으로 묘사됩니다. 왜냐하면 여러분 안에 그것, 즉 여러분 안에 프랑스어를 말할 수 있는 또는 자전거를 탈 수 있는, 아니면 운전하는 법을 알 수 있는 가능성이 있기 때문입니다.

교육의 과정, 즉 학습의 과정은 최상의 가능 조건이 이상적으로, 여러분이 가지고 있는 암묵적 지식 아래 펼쳐지는 과정입니다. 이것은 뭔가 플라톤적 요소를 떠오르게 합니다.

플라톤의 회상론[50]에 따르면, 우리가 어떤 것을 알기 위해서는 망각에서 벗어나야 합니다. 그렇다고 메타실재가 여러분이 프랑스어를 실제 어떻게 말할지를 알고 있다고 주장하는 것은 아닙니다. 그게 아니라, 학습자 중심의 철학적 접근법에서 말하는 것은 모두, 여러분이 프랑스어를 할 수 있는 잠재력을 가지고

---

50 플라톤에게 회상/상기란 인간의 혼이 태어나기 전에 보아 온 이데아를 되돌아봄으로써 참된 지식을 얻는 과정을 말한다. [옮긴이]

있다는 것입니다. 교육의 과정이란 여러분이 가진 그 능력, 그 가능성을 펼치는 과정입니다.

이렇게 전형적인 변증법적 학습의 다양한 단계들은 창조의 단계들에 해당합니다.[51] 첫 번째 단계는 여러분이 무언가를 하고 싶다고 결정하는 단계인데요, 전통적으로는 **'부르심Calling의 시기'**라고 합니다. 제가 보기에 두 번째 단계는 **'창조성의 시기'**라고 하는 게 적절합니다.

세 번째 단계는 **'형성의 시기'**입니다. 네 번째 단계는 그것들에 대해 생각하지 않으면서도 실제로 무언가를 할 수 있을 때로, **'생산Making의 시기'**입니다.

세 번째 단계, 즉 형성의 수준을 본다면, '프랑스어로 문장을 구성하려면 나는 이렇게, 저렇게, 또 다르게 해야 해', 또는 '차를 돌릴 때는 X, Y, Z를 해야 하지' 등 여러분의 머리는 수많은 규칙들로 가득 차 있습니다. 네 번째 단계는 여러분이 그저 자연스럽게 일을 할 수 있을 때입니다. 지식은 내면화되어 여러분의 일부가 되지, 머릿속에서 덜컹거리지 않습니다.

다음으로 다섯 번째 단계인 **'반영의 시기'**는 여러분의 의도성

51　Bhaskar(2012b: 115-117)를 참고하라. [편집자]

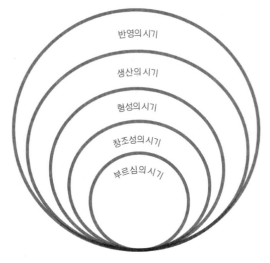

그림 13. 창조의 시기들

이 세계에 반영되는 것으로 봅니다.[52] 여러분이 실제로 운전했던 모든 길, 모르겠어요, 뉴욕 또는 샌프란시스코 또는 시드니, 아니면 그 어디든지요. 그리고 여러분이 실제로 프랑스어 편지를 썼거나 실제로 이메일을 보냈거나 그 문제로 허공에 소총을 쏘았을 때, 여러분의 의도성은 반영되고 있는 것입니다.

---

52 이 다섯 주기 또는 창조의 시기들에서 첫 번째는 전통적으로 '말씀' 또는 '부르심'이라고 하는, 아니면 세계에 펼치려는 창조주의 의지로서 번개의 번쩍거림 또는 내뿜음emanation이라고 하는 최초의 충동에 해당한다. 두 번째는 창조적 본성 그 자체, 즉 이전에는 존재하지 않았던 무언가의 새로운 표현과 발현이다. 세 번째 주기는 형성에 대한 것으로, 사랑, 욕망 또는 가치의 형태를 만들거나 구속하는 활동 또는 노동이다. 생각의 상상적이고 창조적인 충동은 이제 곧 세계에 펼쳐질 어떤 객체로서 꼴이 갖추어진다. 이것이 바로 형성의 시기이다. 그런 다음 생산의 시기는 최초 충동의 표명 또는 창조주의 의도성이 물리적으로 객관화되는 것이다. 이러한 각 주기는 이전 시기를 전제로 한다. 마지막으로 반영의 시기, 즉 성찰reflexivity이 있다. 이것은 자아의식 또는 창조자/제작자로의 회귀(이름하여 객관화의 결과 또는 귀결)에 해당한다.(Bhaskar, 2012b: 108)

우리는 사랑이다

그래요, 이제 끝내야 할 때가 되었네요. 제 생각에 우리가 이 방을 떠날 때가 된 것 같습니다. 저는 추론적 지성의 한계에 대해 뭔가를 말하고 싶습니다. 지성이란, 생각하는 것과 관련되어 있는데요, 사실상 생각을 하지 않아야 지성이 여러분을 해결책으로 데려갑니다.

그것은 문제 해결의 필수조건이고, 모든 가능성을 거치지만, 여러분이 해결책에 다다랐을 때 벌어지는 일은 여러분의 정신 또는 의식의 또 다른 부분이 하는 행위에 의해 도달한다는 것입니다. 그것은 사고를 넘어서, 지나서, 또는 아래에서, 무의식이 선명하게 그 안으로 들어옵니다. 경우에 따라 서양에서는 이를 무의식이라고도 부르는데요, 초의식으로도 볼 수 있는 이것은, 무념un-thought으로부터 오는 것입니다.

하지만 이 주제는요, 그것을 따라가고 싶다면,《과학에서 해방으로》[53] 또는 《메타실재의 철학》[54]을 읽으시기를 바랍니다. 가장 멋진 주제인 사랑에 대해 다룰 시간이 별로 없네요.[55][56]

메타실재의 비전은 사랑이 우주의 유대cement이며, 그러한 사랑은 위대한 결속의 힘이라는 것입니다. 우리가 누군가를 사랑

53　Bhaskar(2012a) 12장 '사고의 한계들'을 참고하라.

54　Bhaskar(2012b) 3장 '창조성의 선Zen과 추론적 지성의 비판'의 6절 '사고의 창조성과 한계들'을 참고하라.

55　Bhaskar(2012b) 4장 '사랑의 도Tao와 조건 없는 헌신'을 참고하라.

56　Bhaskar(2012a) 13장 '조건 없는 사랑'을 참고하라.

하고 있을 때, 사랑은 우리들의 기저 상태입니다.

　　그리고 우리는 기저 상태를 사랑하는 기저 상태를 갖게 됩니다. 그러면서 우리는 사랑을 사랑하는 사랑을 갖게 되고, 사랑은 점점 더 넓어지는 원 안에서 사랑을 사랑할 수 있습니다.[57]

　　그렇다고는 해도, 예를 들어서요, 다음과 같은 중요한 이야기를 덧붙여야 합니다. 사랑이란 하나의 행동 양식이 아니고, 모든 사람을 사랑한다고 말하는 것도 아니며, 모든 사람과 함께 잠든다는 뜻도 아닙니다.

　　그것은 모든 사람을 안아 주는 게 아닙니다. 그것은 여러분이 각자의 사람을 그들의 고차적 자아가 원하는 대로 대한다는 것을 뜻합니다.[58]

57　사랑의 메타실재적 다섯 원은 다음과 같다. (1) 자신에 대한 사랑—이것은 자신의 기저 상태, 그리고 그것과 일치하는 자신의 체화된 인격 내의 요소들에 대한 것이어야 한다. (2) 타인에 대한 사랑—만약 사랑이 기저 상태에서 온 것이고 보답받은 것이라면, 우리는 '사랑을 사랑하는 사랑'의 상황에 있는 것이다. (3) 모든 사람에 대한 사랑—일반화된 공동현존을 통해, 보편적 자아실현을 열망하는 것. (4) 모든 존재에 대한 사랑. (5) 신, 우주적 외피 또는 총체성에 대한 사랑. [편집자]

58　Gunnarsson L(2014),《사랑의 모순: 성의 사회학적 측면sociosexuality에 대한 여성주의적-실재론적 존재론을 위하여》, Routledge.

"우주 안에서 사랑은 총체화하는, 결속하는, 통일하는,
치유하는 힘이다. 그리고, 그저 '우주'(하나로서의 우주) 안에
존재하는 것만으로도, 그것은 존재 안에서 가장 강력한 힘이다.
두려움과 다른 모든 부정적 감정은 사랑의 부재 또는 불완전성에
의존한다. 따라서 탐욕과 분노와 같은 부정적 감정은 모두
자기 소외, 즉 자아로부터의 자기 소외, 진정한 진리로부터의
인격적 소외에 의존한다."
로이 바스카(2012b: 175), 《메타실재의 철학: 창조성, 사랑 그리고 자유》

"초월성은 경험으로서 살아 있다, 그리고 어디에나 존재한다."
로이 바스카(2012a: 49), 《과학에서 해방으로》

후기

도널드 클라크

흥미롭고 격동적이었던 시기에 비판적 실재론이 내 삶에 들어왔다. 나는 세상과 그 속에서의 내 위치에 대해 이해할 수 있는 틀을 찾고 있었다. 그리고 호기심 많고 분주한 마음들이 자주 던지는 다음과 같은 질문들을 이해하고 싶었다. 인생이란 무엇인가? 실재란 무엇인가? 사랑이란 무엇인가? 지성, 창조성 그리고 기쁨이란 무엇인가? 본질적으로, 인간이 된다는 것은 무엇이고 이 세상, 우주 안에서 살아간다는 것은 무엇인가?

나는 종종 어떤 개념이나 틀이 정말로 제한된 실재 속에 있는 누군가의 렌즈일 뿐이라는 사실에 좌절하곤 했다! 이따금 그런 통찰력을 빌리는 것만으로도 충분하긴 했지만, 궁극적으로 나는 그렇게 많은 다양한 렌즈로 어떻게 그렇게 많은 특이한 관점들을 이해할 수 있을까, 하는 생각을 했다! 나는 굉장히 많은 서사에 참여했음에도, 이러한 이야기들로부터 진실을 규정하는 것은 단 하나도 밝혀낼 수 없었다. 이런 예가 문화와 역사를 통해 반복적으로 들려왔기 때문에, 극심한 허무주의의 정점에 섰을 때, 나는 비판적 실재론을 발견했다.

로이의 목소리 그리고 실물과 함께할 수 있는 특권을 누리며 앉아 있던 어느 날을 기억한다. 나는 로이가 메타실재의 이론에 대해 말하는 것을 듣고 있었고, 탁자 위에 놓인 그의 책 한 권을 바라보았던 것을 기억한다. 그 책에는 "사랑, 의지, 창조성 그리고 자유"라는 세입자들tenants이 앞표지에 쓰여 있었다!

그가 말을 할 때 나는 이 세입자들, 즉 이 단순한 낱말들이 어떻게 진리를 밝히기 시작했는지를 알아차렸다. 나는 스스로에게 질문하기 시작했다! 어떻게 해야 우리는 그러한 본질적 특성을 구현할 수 있을까, 어떻게 해야 우리보다 더 크고 더 깊은 무언가에 충분히 열려서 이어질 수 있을 만큼 우리의 정체성을 내려놓을 수 있을까?

그 순간 나는 로이가 어떻게 존재론 연구에 맹렬히 참여했는지, 그리고 어떻게 인식론과 우리의 유혹적인 관계, 즉 천년 동안 우리와 함께 그것 스스로 맺어 왔던 관계를 넘어 존재론에 특권을 부여했는지를 깨달았다.

나는 비판적 실재론이 그저 이론에 불과하지 않다는 것을 깨달았다. 사실 그러한 용어들로 환원하거나 서술하는 것은 나에게 힘든 일이다. 나는 로이가 행한 아주 복잡한 작업의 단순성을 깨달았다. 그 작업은 그가 성인 시기의 대부분을 씨름했던 것인데, … 갑자기 그 말들이 떠올랐다. "무엇이 실재인가?" 그리고 어떻게 해야 우리는 실재가 무엇인지를 알 수 있는가? 이것을 어떻게 알 수 있는가?

로이가 일련의 사고 실험 및 철학적 탐구를 확립해 왔기에, 누군가는 실재에 참여하고 심지어 그것의 서사로부터 그것을 가지고 놀 수도 있게 되었다!

이것은 이론이 아니다. 오히려 우리가 절박하게 붙잡고 있는, 인식론적 참여로부터 들춰낸 진리에 대한 탐구였다. 마찬가지로 과학적 방법은 실제로는 이론이 아니라 과정에의 참여이다. 진리에 관한 로이의 작업도 마찬가지여서, 과학에서와는 달리 오로지 이번에는, 우리가 거닐고 살아가는 서사의 근본이 무엇인지 알아보기 위해 우리는 관련 지식이라는 높은 성을 쌓으려고 시도하지 않았다. 그래서 우리는 사랑, 자유, 의지 그리고 창조성으로 돌아갔다!

우리가 여기에서 시작한다면, 우리와 함께 그리고 우리 바깥으로 펼쳐지는 우주의 이야기가 있다. 게리와 나눈 수많은 대화를 통해, 단순히 로이가 있는 곳에서 그가 천천히 말하는 것을 듣는 것만으로도, 평생에 걸친 연구를 통해 발달시킨 사유와 통찰이 내 존재 안으로 그 길을 찾아내어 나를 통해 그 자신을 표현하기 시작했다.

로이는 언젠가 우리에게 우리가 우리 자신의 작업을 해야 한다고 말한 적이 있다. 우리가 음식을 먹고, 행복해지고, 만족스러워 하는 등 자신의 필요를 충족시키며 사는 것만으로는 충분치 않다는 것이다. 평생 우리를 들볶을 필요가 있다. 그것은 우리가 세상에 와서 꼭 해야 하는 작업이다.

나는 이 책이 로이의 작업과 게리의 비전을 구현한 유산이라고 믿는다. "강하고 사랑스러운 정신!" 나는 로이의 이 말에 그의 정신이 살아 있다고 믿는다. 나는 로이를 잠깐밖에 알지 못했지만 그는 나에게 영향을 끼쳤고, 나를 감동시켰으며, 그의 말들과 그의 성격, 그리고 내가 즐겁게 여겼던 관계는 부분적으로 로이의 직접적인 유산이다. 로이는 나를 비롯해 그가 마주했던 모든 사람을 통해 살아간다.

우리는 복잡하고 불확실한 시대에 살고 있다. 로이가 했던 작업의 핵심은 실재에의 참여이다. 이런 방식의 참여란, 불확실성을 안고 그 속에서 사는 것이고, 두려움을 넘어서는 것이며, 사랑에 근거를 두는 것이다. 그것은 이곳에서 왔다. 우리에게 주어진 가능성의 잠재력, 즉 우리 삶에서 중요한 것을 볼 수 있고 살아갈 수 있는 곳, 우리가 변화를 일으킬 수 있는 곳 말이다.

내가 희망하는 것은, 진리는 곧 변형이며, 실재에 참여한다는 것은 삶을 함께하는 과정에 참여하는 것임을 이 책이 여러분에게 보여주는 것이다.

"훌륭한 사회적 행위주체가 되는 길은 당신의 기저 상태와 접촉하여 정보를 얻어 오는 것이다. 그러면 당신은 구조적인 죄악과 생태적 타락을 망각할 수 없을 것이다. 당신은 그것들을 치유하는 데 관여하는 능동적 행위주체가 되어야만 한다."
로이 바스카(2010: 215), 《비판적 실재론의 형성: 개인적 관점》

참고문헌

Alderson, P. 2013. *Childhoods Real and Imagined: Volume 1: An introduction to critical realism and childhood studies* (Ontological Explorations) Routledge

Archer, M, Collier A, Douglas, Porpora, D. 2004.

Transcendence Critical realism and God, Routledge

Baggini, J & Fosl, P. 2010. *The Philosopher's Toolkit: a compendium of philo-sophical concepts and methods* Blackwell Publishing Ltd

Bhaskar, R. 2008a. *A Realist Theory of Science.* London: Routledge

Bhaskar, R. 2008b. *Dialectic: The Pulse of Freedom.* London: Routledge

Bhaskar, R. 2009. *Scientific Realism and Human Emancipation.* London: Routledge

Bhaskar, R. 2010. *Plato Etc: Problems of Philosophy and Their Resolution*, London: Routledge

Bhaskar, R. 2012a. *From Science to Emancipation: Alienation and the Actuality of Enlighte-nment*, London: Routledge

Bhaskar, R. 2012b. *The Philosophy of metaReality: Creativity, Love and Freedom.* London: Routledge

Bhaskar, R. 2012c. *Reflections on metaReality: Transcendence, Emancipation and Everyday Life.* London: Routledge

Bhaskar, R. 2015 Fourth Edition. *The Possibility of Naturalism*, London: Routledge

Bhaskar, R. 2015 Second Edition. *From East To West: Odyssey of a Soul*, London: Routledge

Bhaskar, R. 2016. *Enlighten Common Sense: The Philosophy of Critical Realism.* London: Routledge

Bhaskar, R & Danermark, B. 2006. *Metatheory, Interdisciplinarity and Disability Resear-ch: A Critical Realist Perspective*, Scandinavian Journal of Disability Research, 8:4, 278-297,

http://dx.doi.org/10.1080/15017410600914329 (2021년 1월 15일 현재 접속 가능)

Bhaskar, R & Hartwig, M. 2010. *The Formation of Critical Realism: A Personal Perspective.* London: Routledge

Bhaskar, R, Cheryl Frank, C, Karl Georg Høyer, K, Næss, P, and Parker, J. (eds). 2010.

Interdisciplinarity and Climate Change. London: Routledge

Bhaskar, R, Naess, P, Høyer, K. 2011 *Ecophilosophy in a World of Crisis: Critical realism and the Nordic Contributions,* London: Routledge

Bhaskar, R. 2013. 'Prolegomenon' in E*ngaging with the World: Agency, Institutions, Historical Formation,* M. Archer and A. Maccarini (eds). London: Routledge

Bhaskar, R, 2014. "Introduction' ın Edwards P K, & O'Mahoney J, & Vincent S. 2014. *Studying Organizations Using Critical Realism A Practical Guide.* OUP: Oxford

Bhaskar, R, Esbjörn-Hargens, S, Hedlund, N, Hartwig, M, 2016. *Metatheory for the Twenty-First Century: Critical Realism and Integral Theory in Dialogue,* London: Routledge

Bhaskar, M 2013. v12 The Place of Totality in Dialectical, Critical Realism *Journal of Critical Realism*

Cohnitz, D. & Rossberg, M. 2006 *Nelson Goodman,* Acumen

Collier, A. 1994. *An Introduction to Roy Bhaskar's Critical Realism.* London: Verso [《비판적 실재론-로이 바스카의 과학철학》, 이기홍, 최대용 옮김, 후마니타스, 2010]

Creaven, S. 2009. *Against the Spiritual Turn: Marxism, Realism, and Critical Theory,* London: Routledge

Edwards, P K, & O'Mahoney J, & Vincent, S. 2014

Studying Organizations Using Critical Realism A Practical Guide OUP Oxford

Fleetwood, S. & Hesketh A. 2010 *Explaining the Performance of Human Resource Management,* Cambridge University Press

Gunnarsson, L. 2014. *The Contradictions of Love: Towards a feminist-realist ontology of sociosexuality,* London: Routledge

Hartwig, M. (Ed) 2007. *Dictionary of Critical Realism.* London: Routledge

Hartwig, M & Morgan J (Ed) 2013. *Critical Realism and Spirituality,* London: Routlege

Hume, D, A *Treatise of Human Nature,* Vol. II

(London: J. M. Dent, 1740/1934), Book II, Section III, 128

Irwin, L. 1997 *The Web Site for Critical Realism* WSCR Glossary http://www.criticalrealism. com/glossary.php entry Transdictive Complex (2021년 1월 15일 현재 접속 가능)

Kuhn, T. 2012. *The Structure of Scientific Revolutions*: 50th Anniversary Edition Paperback University of Chicago Press [《과학혁명의 구조》, 김명자, 홍성욱 옮김, 까치, 2013]

McWherter, D. 2013. *The Problem of Critical Ontology: Bhaskar Contra Kant.* London:
        Palgrave Macmillan

Norrie, A. 2010. *Dialectic and Difference: Dialectical Critical Realism and the Grounds of Justice.*
        London: Routledge

Nunez, I. 2014. *Critical Realist Activity Theory: An Engagement With Critical Realism and
        Cultural-Historical Activity Theory.* London: Routledge

Pilgrim, D. 2014. *Understanding Mental Health: A critical realist exploration,* London:
        Routledge

Price, L. 2007. "Critical Realist versus Mainstream Interdisciplinarity."*Journal of Critical
        Realism* 2014; 13(1), 52-76.

Proudfoot M, & Lacey AR. 2009. *The Routledge Dictionary of Philosophy*, Routledge

Robinson, A. 2014. *An A to Z of Theory* | Alain Badiou: The Event

https://ceasefiremagazine.co.uk/alain-badiou-event/ (2021년 1월 15일 현재 접속 가능)

Scott, D. 2015. *Roy Bhaskar: A Theory of Education* Springer. [《로이 바스카, 비판적 실재론과
        교육을 말하다》, 이기홍 옮김, 한울, 2020]

Seo, M. 2014. *Reality and Self-Realization: Bhaskar's Metaphilosophical Journey Toward Non-
        Dual Emancipation,* London: Routledge

Taft, M. W. 2014. *Nondualism: A Brief History of a Timeless Concept.* Cephalopod Rex

Wilkinson, M. 2015. *A Fresh Look at Islam in a Multi-Faith World: a philosophy for success
        through education,* London: Routledge

메타실재의 철학에 대한 간략한 개론 _ 게리 호크

Archer, M S, Collier, A, Porpora, D V 2014. *Transcendence: Critical Realism and God.*
    London: Routledge

Bhaskar, R. 2008a. *A Realist Theory of Science.* London: Routledge

Bhaskar, R. 2008b. *Dialectic: The Pulse of Freedom.* London: Routledge

Bhaskar, R. 2012a. *From Science to Emancipation: Alienation and the Actuality of Enlighte-*
    nment, Reprint Routledge

Bhaskar, R. 2012b. *The Philosophy of metaReality: creativity, love and freedom*, London
    Routledge

Bhaskar, R. 2012c. *Reflections on metaReality: Transcendence, Emancipation and Everyday Life.*
    London Routledge

Bhaskar, R. 2015 Fourth Edition. *The Possibility of Naturalism*, London: Routledge

Creaven, S, 2011. *Against the Spiritual Turn: Marxism, Realism, and Critical Theory*, London:
    Routledge

Gilbert, E. (Ed) 2011. *Conversations in Non Duality: Twenty Six Awakenings*, Conscious.tv

Seo, M. 2014. *Reality and Self-Realization: Bhaskar's Metaphilosophical Journey Toward Non-*
    Dual Emancipation, London: Routledge

Shun'Ei, T. 2009. *Living Yogacara: An Introduction to Consciousness*, US: Wisdom
    Publications

Wilkinson, M. 2015. *A Fresh Look at Islam in a Multi-Faith World: a philosophy for success*
    through education, London: Routledge

용어 번역 일람

용어 / 기본 번역 용어 / 가능한 번역 용어

absence 부재 / 없음

(the) Actual 현상

actualist 현상주의 / 현실주의

agency 행위주체

alienation 소외

amenesis 회상

axial rationality 축적 합리성

application 응용 / 적용

anthropocentricism 인간중심주의

behaviourism 행동주의

being 존재

causal law 인과법칙

causal power 인과적 힘

closed system 폐쇄 체계

complexity 복잡성 / 복합성

conceptuality 개념성

constellation 집합체 / 성좌

constraint 제약

co-presence 공동현존

cosmic envelope 우주적 외피

Critical Naturalism 비판적 자연주의

Critical Realism 비판적 실재론

(the) demi-real 절반의 실재

description 서술

Dialectical Critical Realism

변증법적 비판 실재론

difference 차이

differentiation 분화

Dimension 차원

dualism 이원론

duality 이원성 / 이자성

ecology 생태학

Edge 모서리

ego 에고

elimination 소거

embodied personality

체화된 인격 / 체현된 인성

embrace 포용

emergence 발현

(the) Empirical 경험

empiricism 경험주의

epistemology 인식론

ethics 윤리학

event 사건

eudaimonia 적극적 행복 / 행복주의

fallacy 오류

falsity 허위 / 거짓

Four Planes of Social Being

사회적 존재의 4평면

generative mechanism 발생 기제

ground state 기저 상태 / 근본 상태

heteronomy 타율성

Holy Trinity 성 삼위일체

idealism 관념론

identification 동일화 / 판별

identity 동일성

immaterialism 유심론 / 비물질론

(the) intransitive 자동성

laminated system
층위 체계 / 적층적 체계

Level 수준

liability 책임

materialism 유물론 / 물질론, 물질주의

mechanism 기제

mediation 매개

metaReality 메타실재

moment 순간 / 계기

natural necessity 자연적 필연성

negative 부정적 / 소극적

negativity 부정성

neo-Kantianism 신칸트주의

non-duality 비이원성 / 무이성

non-identity 비동일성

noumenon 실체

object 대상 / 객체

open system 개방 체계

ontological monovalence
존재론적 일가성

ontology 존재론

phenomena 현상

physicalism 물리주의

presence 현존 / 존재

property 속성

rationality 합리성 / 합리주의

(the) Real 실재

reduction 환원

re-enchantment 재마법화

reference 지시대상

referent 지시물 / 준거물

referential detachment 지시적 분리

reflection 성찰 / 반영

regime 체제

relativity 상대성 / 상대주의

retroduction 역행추론

self-realisation 자아실현 / 자기실현

self-referentiality 자기지시성

semiotic triangle 기호 삼각형

seriousness 진지함

shedding 벗어나기

signified 기의

signifier 기표

singularity 특이성

split 분열

spontaneity 자연스러움 / 자발성

spritituality 영성

stratification 층화

stratum 층위

structure 구조

subject 주체

Synchronic Emergent Powers Materialism 공시적 발현적 힘의 유물론

system 체계

tendency 경향

TINA There is no alternative
대안은 없다

thing 사물

thinghood 사물성
totality 총체성 / 전체
Transcendent 초월
Transcendental Realism 초월적 실재론
Transcendental Holism 초월적 전체론
transformation 변형 / 전환, 이행
Transformational Model of Social Activity 변형적 사회 활동 모델
transformative praxis 변형적 실천
(the) transitive 타동성
triumphalism 승리주의
truth tetrapolity 진리의 사차성
universality 보편성
universal solidarity 보편적 연대
voluntarism 자원론 / 의지주의
wellbeing 복지 / 행복
whole 전체

옮긴이의 말

우주의 역사에서 인간만이 지성적 존재라고 할 수는 없을 것이다. 우주 어딘가에는 또 다른 생명체가 있을 것이고, 인간보다 더 우월한 지성의 존재들이 어딘가에 있을지도 모를 일이다. 그러나 아직 확인된 바 없으므로 인간이란 종의 의식 발달에 경의를 표하는 게 특별히 오만한 일은 아닐 것이다.

사람들은 과학자의 지식을 신뢰한다

인간은 동물과 달리 대상에 대한 지식에서 지식에 대한 지식, 자기 자신에 대한 지식에까지 관심을 확장해 왔다. 초기에 인간은 지식을 신적 존재가 주는 것으로 생각했다. 그들은 대상과 신과 자신이 모두 연결되어 있다고 보았다. 좀 더 시간이 흐른 뒤, 자신의 지성으로 지식을 얻을 수 있다고 믿는 이들이 나타났다. 그들은 사유를 통해 현상을 설명하려 했고, 스스로 우주의 원리를 이해하고자 애썼다. 덕분에 우리는 수많은 철학 이론을 갖게 되었다.

지식을 얻는 방법에 변화가 온 것은 과학자들이 등장하면서부터이다. "세계는 과연 존재하는가?"라고 묻던 철학자들과 달리 과학자들은 "세계는 존재한다! 그런데 대체 어떻게 존재하는

가?"라고 질문하며 세계 그 자체를 탐구하기 시작했다. 그들은 세계의 존재를 전제한다. 그리고 무엇이, 어떻게 존재하는지를 실제로 탐구한다. 그들은 탐구의 중심을 인간의 지성이 아니라 대상 그 자체에 둔다. 그래서 관찰하고 실험한다. 과학자들이 알고자 하는 것은 세계에 벌어지는 일들의 인과적 힘이다. 우리가 경험한 사건 이면의 현상, 현상 이면의 실재 또는 근본 원인, 즉 자연적 필연성의 질서를 파악하는 것이야말로 과학자들이 하는 일이다.

물론 철학자들도 그것을 하고 싶어 했다. 그러나 실패했다. 로이 바스카는 그 원인을 철학자들의 인간중심주의에서 찾는다. 확실한 지식을 얻고자 했던 그들은 지식의 확실성이 인간의 경험 또는 지성에 있다고 믿었다. 그 결과 철학자들은 관념론에 빠지거나 경험주의(실증주의) 또는 해석학의 길에 들어섰다. 인간중심적인 그들의 시각이 세계를 얼마나 왜곡시키는지, 정작 자신들은 몰랐던 것이다. 2층 창문으로 뛰어내리는 것보다 1층 현관문으로 나가는 게 왜 나은지 모르겠다느니, 실재의 세계는 과학적으로 탐구할 수 없다느니 하는 궤변은 인간중심주의의 한계를 보여준다. 그 후예들은 관측자에 의해 양자 도약이 결정되는 것이라며, 오히려 과학이 한계에 이르렀다는 억지를 부린다.

세계를 관조하는 철학과 달리, 세계의 인과적 힘을 탐구하는 과학 덕분에 우리는 세계를 변형시킬 수 있다. 철학자들이 아무리 노력한다 해도 중력을 이겨 내는 비행기를 만들 수는 없다. 반면, 과학자들은 달과 화성, 태양계 바깥까지 날아갈 수 있는 로켓을 만들었다. 이제 사람들은 과학자의 지식을 신뢰한다. 실천적 결과에서 과학에 패배한 철학이 할 수 있는 일은 무엇일까? 로크의 말처럼, 거침없이 나아가는 과학의 앞길을 청소하는 조수의 역할도 야심만만한 일일 것이다.

바스카는 그 일을 했다. 자연과학에서 사회과학으로, 사회과학에서 통합적인 인간과학으로, 그는 한 발씩 나아가며 조수의 일을 충실히 해 왔다. 이제 그의 물질적 몸은 이 세상에 없지만 그의 기저 상태는 여전히 우리 곁에 남아 우리와 함께 작업하고 있다.

로이 바스카의 생애

램 로이 바스카는 독창적 사상가인 만큼 인생 역시 독특한 스토리를 갖고 있다. 그의 아버지는 인도에서 영국으로 건너온 의사였고, 어머니는 영국인 간호사였다. 2차 세계대전이 끝나기 직전인 1944년 5월 15일, 그는 영국 런던 남서부의 테딩턴에서 태어났다. 그는 두 형제의 맏이였다.

인도 분위기의 가정에서 자란 바스카는 어릴 적부터 인종차별을 견뎌야 했다. 영국 사회에서 인도계는 직간접적인 억압과 배제를 당해 왔다. 이러한 환경이 그에게 주류 사회에 대한 비판적 시각을 갖게 했을 것이다. 결국 초등학교 시절 원래 이름에서 인도풍의 '램'을 빼 버리지만 2000년대 들어 자신의 뿌리에 대한 관심 속에서 다시 '램'을 되찾기도 한다. 이것은 그의 후기 사상에 다르마와 카르마 같은 인도식 용어가 나오는 이유이기도

하다. 또한 그의 부모는 신지학협회 회원이기도 했는데, 훗날 영
성에 대한 관심은 이러한 영향도 있었을 것이다.

어린 시절 아버지는 그에게 큰 기대를 갖고 있었고, 의사가
될 것을 강요했다. 그는 그 시절이 불행했다고 토로한다. 그러나
활달한 성격의 소유자인 바스카는 스포츠를 좋아해서 학창 시절
에는 크리켓 경기에 열중했다. 한 경기에서 400점을 득점한 적
이 있을 정도이다. 책에도 나오지만 그는 열광적인 축구 팬이기
도 하다. 그러나 열한 살에 무릎을 다치면서 철학과 음악, 춤에
열중하기도 했다. 흔히 건초염, 건막염이라고 하는 병에 걸렸던
그는 말년에 다시 신경성 근위축증을 얻어 다리를 수술하고 휠
체어에 의지해야 했다.

인간과 사회에 관심이 많았던 바스카는 18세에 옥스퍼드대
학교 발리올컬리지에 장학금을 받고 입학한다. 흔히 PPE라 불리
는 철학, 정치학, 경제학 과정에서 공부했는데, 이 과정은 정치가
나 고위 공직자 양성을 목표로 한다. 그 와중에 그는 나이트클럽
경비원으로 일하는 등 다양한 직업을 경험한다. PPE 과정을 수
석으로 졸업한 뒤 고민 끝에 그는 경제학부 대학원에 진학한다.
여기에서 그는 제3세계에서 유학 온 학생들과 어울리며 본격적
으로 마르크스를 공부했다. 1968년 사태에 적극적으로 가담하
면서 몇 차례 검사에게 소환되기도 했던 그는 영국 사회주의자
협회의 창립 회원이 되었고, 사회주의 운동의 철학-정책 집단에
서 중심적 역할을 맡았다.

1968년에 그는 사회주의적 페미니즘과 노동운동에 관한 저
서로 명성을 얻은 힐러리 웨인라이트Hilary Wainwright를 만나 1971

년에 결혼을 했다. 신혼 기간에는 모잠비크해방전선과 앙골라해
방인민운동의 초청을 받아 모잠비크와 앙골라의 해방구에서 지
내기도 했다(두 사람은 나중에 별거했지만 평생 친한 친구로 남았고,
이혼하지 않았다). 이 해에 그는 박사 학위 논문으로 〈사회과학에
서 설명에 관한 몇 가지 문제〉를 제출한다. 그러나 절차상의 문
제를 이유로 심사를 거부당하고 1973년 에딘버러대학교 교수가
되어 옥스퍼드를 떠난다. 사실 옥스퍼드대학교 경제학부 대학원
에서 그는 〈발전도상국에 대한 경제 이론의 적합성〉에 관한 논
문을 쓰려고 했지만, 그것이 불가능함을 깨달았다. 서구에서 개
발한 경제 이론들이 소위 저개발국가의 상황에 적합하지 않다는
그의 문제의식에 대해 관심을 갖는 교수가 없었기 때문이다. 당
시의 주류 경제학에서는 이론과 실재 세계의 비교를 금하고 있
었고, 그런 이유로 그들은 실재 세계의 문제들에 대해 별로 의미
있는 논의를 하지 못했다.

　　바스카는 경제학부를 떠나 전공을 철학부로 옮겼다. 과학철
학자인 롬 하레Rom Harré의 지도 아래 경제학에서 실재에 대해 다
루는 것을 왜 금기로 여기는지를 밝혀내고자 했다. 그러나 철학
에서도 실재에 대한 문제를 다루는 것은 금기였다. 주류 학문의
정상과학에 안착할 생각이 없었던 그는 철학의 본질적인 문제에
천착했다. 실재의 문제를 파악하기 위해 근대철학 전반에 대해
연구하던 그는 주류 학문이 실재에 대해 침묵하는 이유가 존재
론의 은폐에 있다는 것을 확인하고 초월적 실재론을 통해 새로
운 존재론을 정립해 냈다. 기존의 사회과학에 현실적합성이 부
족했던 이유가 인식론적 오류에 있음을 밝혀낸 것이다.

1974년 다시 논문을 제출하지만 끝내 통과되지 못했다. 옥스퍼드의 주류 학계에서는 마르크스주의자이자 자신들의 금기에 정면으로 도전하는 바스카의 태도를 탐탁치 않게 여겼을 것이다. 그는 자신의 박사 학위 논문을 수정하여 세 권의 저서,《실재론적 과학론》(1975),《자연주의의 가능성》(1979), 그리고《과학적 실재론과 인간 해방》(1986)을 차례대로 출간했다. 과학철학, 사회과학의 철학, 이데올로기 비판을 주제로 삼은 프로젝트였다.

그는 정교수가 될 가능성이 없는 에딘버러를 떠나 서섹스대학교, 런던시티대학교 및 스칸디나비아반도의 여러 대학교에서 비정규 교수를 지내며 제도권에서 벗어난 채 자기만의 독특한 사상을 발전시켰다. 말년에는 런던대학교 교육연구소에서 교육, 평화, 갈등 해결, 기후 변화 등을 주제로 학제 간 연구 작업을 진행했다. 2014년 1월에 심부전증 진단을 받았지만 치료를 받으면서 5-7월 사이 이 책의 기초가 되는 온라인 동영상 강연을 마쳤다. 안타깝게도 그는 그해 11월 19일 갑작스럽게 세상을 떠났다. 사인은 심장마비였고, 그의 곁을 지킨 이는 레베카 롱Rebecca Long이었다.

비판적 실재론에서 메타실재의 철학으로

비판적 실재론은 그가 제창한 초월적 실재론과 비판적 자연주의를 축약한 것이다. 초월적 실재론이란 기존 과학철학의 토대였던 흄의 경험적 존재론을 극복한, 새로운 형태의 존재론이라고 할 수 있다. 바스카는 근대 관념론과 경험주의, 포스트 모더니즘적 반실재론의 한계를 지적하면서, 자연법칙이 경험적 규칙성, 즉 원자론적 사건들의 규칙적 반복일 뿐이라고 보는 흄식 경험주의를 비판한다. 그는 과학이란 경험된 사건 너머의 자연적 필연성을 찾는 활동이고, 그 대표적 활동인 실험은 세계의 층화와 분화를 전제로 한다고 보았다. 비판적 자연주의는 이것을 사회과학의 영역으로 확장하여, 사회 연구에서도 과학적 방법을 사용할 수 있다고 주장한다. 다만 인간 사회라는 연구 대상의 특성 때문에 제한적으로 사용하게 되므로 '비판적'이라는 수식어가 붙는 것이다.

모든 과학 활동은 사회적 행위이며, 발생한 사건의 원인이 되는 인과적 힘을 찾는 것이어야 한다는 입장이므로 바스카에게 사회 연구의 대상은 사회를 이루는 사람들의 믿음도 포함된다. 따라서 사회과학의 설명은 행위주체의 의식과 존재에 대한 비판, 그리고 가치와 행위에 대한 판단을 수반한다. 이것은 사실과 가치, 설명과 비판, 이론과 실천이라는 기존의 이원론적 경향을 극복하는 '설명적 비판'의 논의를 이끌어 낸다. 이 세 가지 주장이 그의 초기 저서 세 권의 핵심 주제이며, 비판적 실재론의 기초를 구성한다.

1970년대 중반에 시작한 비판적 실재론의 여정은 80년대를 지나 90년대에 이르러, 변증법적 철학의 문제로 더욱 심화된다. '자연과학의 실험이 가능하려면 세계는 어떠해야 하는가?'에 관한 질문에서 시작하여, '사회과학이 자연과학과 동일한 과학이라면 그 연구 방법은 어떠해야 하는가?', '사회에서 인간의 믿음들은 어떻게 인과적으로 설명될 수 있는가?' 등의 질문이 초기의 문제의식이었다면, 변증법적 비판 실재론에서는 '서구 주류 철학의 핵심적 오류는 무엇인가?', '인간 해방은 어떻게 가능한가?'로 나아갔다. 《변증법: 자유의 맥박》(1993)과 《플라톤 외》(1994)에서 바스카는 헤겔의 변증법과 마르크스의 변증법을 극복하고, 변증법적 사유를 실재론적으로 재정립했다.

2000년대에 바스카의 철학은 '영성적 전환'이라는 새로운 국면으로 들어선다. 《동양에서 서양으로: 영혼의 모험》(2000), 《과학에서 해방으로》(2002), 《메타실재에 관한 성찰: 초월, 해방 그리고 일상생활》(2002), 《메타실재: 창조성, 사랑 그리고 자유》(2002) 등의 저서를 통해 그는 비이원성과 초월의 관점에서 근대성 및 철학적 담론들에 대해 강력히 비판한다. 이원성의 한계에서 벗어나지 못하는 기존의 철학적 담론들은 근대적 세계의 분리와 분열, 소외를 해결할 수 없다는 것이다. 이원성의 세계 속에서 사람들은 자신의 근원적 본성인 기저 상태에서 분리된 채 절반의 실재에서 에고, 즉 자기중심적 자아로 살아갈 수밖에 없다. 진정한 실재는 정신적으로 이원성의 착각에서 벗어난 비이원성의 삶이며, 그럴 때 비로소 우리는 진정한 인간 해방을 이룰 수 있다는 게 바스카의 전언이다.

존재론, 다시 말해 형이상학metaphysics은 메타-물리학physics 또는 메타-과학이라고 할 수 있다. 이에 비해 메타실재란 실재 자체가 아닌, 실재를 넘어서는 그 무엇이다. 물리적 현상의 근원을 밝히고 과학 자체에 대해 성찰하는 것이 형이상학의 과제라면, 메타실재의 철학은 영성적 전환을 통해 실재의 정신적 근원을 밝히고 그것과 하나되는 것을 목표로 한다. 우리가 살아가는 세계는 물리적인 동시에 정신적이며, 이 둘은 통합되어 존재한다. 우리가 어떤 일에서 창조성을 발휘하고 학습을 하며 자유롭게 서로를 사랑할 수 있는 것은 우리가 메타실재의 세계에서 비이원성을 실천하고 있기 때문이다. 바스카는 현대 학문 세계의 마지막 금기라고 할 수 있는 영성에 관한 담론을 메타실재의 철학을 통해 종교가 아닌 학문의 언어로 설명하고 있다.

어쩌면 너무나 당연한 이야기

세계가 존재한다는 것은 일상을 살아가는 우리에게 너무나 당연한 사실이다. 이른 아침, 마당에 물이 고여 있다면 지난 밤에 비가 왔음을 우리는 역행추론할 수 있다. 비가 오는 것을 경험하지는 못했지만 현상적 결과를 통해 비가 온 것을 우리는 확인했고, 나아가 비가 오는 일의 기제를 탐구할 수 있다. 만약 실재적 영역까지 탐구하여 그 인과적 힘을 찾아냈다면, 우리는 가뭄이 들었을 때 기우제를 지낼 필요가 없다. 과학적으로 비가 오게 하는 방법을 찾아서 적용하면 되는 것이다. 과학은 이렇게 세계를 변형시킬 수 있는 것이고, 그 대상은 단지 자연 세계만이 아니라 우리 인간 세계까지 확장될 수 있다. 예를 들어, 자본주의의 모순을 극복하는 사회 체제라든지, 갈등을 해결하는 대화법, 또는 가짜뉴스나 유사과학을 분별하는 분석 기법 등에도 적용할 수 있다. 인간은 이제 지성을 통해 일상생활까지 과학적으로 탐구하고 변형할 수 있게 된 것이다.

옮긴이가 로이 바스카에 대해 알게 된 것은 대학원에서 사회과학방법론이라는 수업을 들으면서이다. 김진업 교수님의 안내를 통해 비판적 실재론에 입문하게 되었고, 이기홍 교수님의 번역본을 중심으로 강독을 해 왔다. 이로 인해 역자는 그동안 공부하며 쌓아 온 과학에 대한 관점이 기초부터 흔들리는 체험을 했다. 사회학은 과학의 한 분과이지만, 자연과학처럼 실험을 할 수 없기 때문에 실험과 유사한 방식으로 접근해야 한다. 따라서 과학이란 무엇인가를 정확히 인식해야 하는 과제가 있다. 그런데 기존의 과학철학에 온전한 실재론이 없었기 때문에 인식론적 오류가 발생해 왔다는 사실은 큰 충격이었다.

관습적으로 가져 온 관점을 근본부터 철저하게 다시 질문하고 새롭게 정립하는 일은 고통스러웠지만 신선하고 명쾌해지는 과정이었다. 더욱이 학문이 아카데미에 머물지 않고 삶의 변화를 추동해야 한다는 가르침에 가슴이 뛰었다. 아무리 과학적인 탐구라 해도 지식의 축적이 존재의 변화를 가져오지는 않는다. 존재의 문제(삶의 변화, 세계의 변화)를 인식의 문제(지식의 축적)로 환원하는 일이야말로 우리 시대의 근본 오류임을, 옮긴이는 바스카를 통해 분명히 알게 되었다.

아직 국내에는 바스카의 후기 사상, 즉 메타실재의 철학에 대해서는 별로 알려진 바가 없다. 서민규 교수님이나 고창택 교수님의 논문이 있지만 단행본으로서는 이 책이 처음일 것이다. 바스카의 사상 전반에 대해 비교적 알기 쉽게 정리된 이 책이 비판적 실재론에 관심을 가진 많은 독자에게 유익한 선물이 되기를 바랄 뿐이다. 우둔한 역자를 로이 바스카의 사상으로 이끌어 주신

김진업 교수님과 이 책을 번역할 수 있도록 기회를 주신 두번째테
제 출판사 장원 편집장에게 특별히 감사의 말씀을 전하고 싶다.

2020년 12월 첫날

김훈태